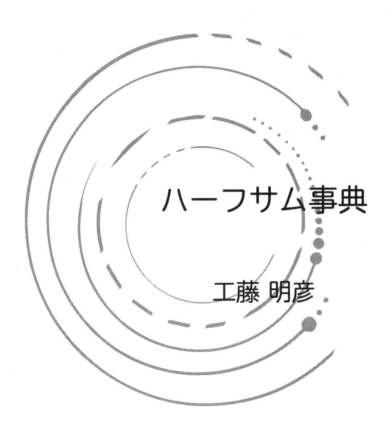

ハーフサム事典

工藤 明彦

目　次

はじめに……………………………6

第1章
ハーフサムの構造と見方
1. 構造……………………………10
2. オーブ…………………………13
3. 真正……………………………13
4. 複合ハーフサム………………13
5. ハーフサムとアスペクト……14
6. ハーフサムとプログレス……15
7. ドラゴン………………………16
8. 小惑星…………………………16
9. 混同……………………………16
10. コンビネーションの読み方……16

第2章
ハーフサム解説
太陽と月……………………………20
太陽と水星…………………………22
太陽と金星…………………………24
太陽と火星…………………………26
太陽と木星…………………………28
太陽と土星…………………………30
太陽と天王星………………………32
太陽と海王星………………………34
太陽と冥王星………………………36
太陽とドラゴンヘッド……………38
太陽とアセンダント………………40
太陽とMC…………………………42

月と水星……………………………44
月と金星……………………………46
月と火星……………………………48
月と木星……………………………50
月と土星……………………………52
月と天王星…………………………54
月と海王星…………………………56
月と冥王星…………………………58

月とドラゴンヘッド………………60
月とアセンダント…………………62
月とMC……………………………64

水星と金星…………………………66
水星と火星…………………………68
水星と木星…………………………70
水星と土星…………………………72
水星と天王星………………………74
水星と海王星………………………76
水星と冥王星………………………78
水星とドラゴンヘッド……………80
水星とアセンダント………………82
水星とMC…………………………84

金星と火星…………………………86
金星と木星…………………………88
金星と土星…………………………90
金星と天王星………………………92
金星と海王星………………………94
金星と冥王星………………………96
金星とドラゴンヘッド……………98
金星とアセンダント………………100
金星とMC…………………………102

火星と木星…………………………104
火星と土星…………………………106
火星と天王星………………………108
火星と海王星………………………110
火星と冥王星………………………112
火星とドラゴンヘッド……………114
火星とアセンダント………………116
火星とMC…………………………118

木星と土星…………………………120
木星と天王星………………………122
木星と海王星………………………124
木星と冥王星………………………126
木星とドラゴンヘッド……………128
木星とアセンダント………………130

目　次

木星と MC……………………………132

土星と天王星…………………………134
土星と海王星…………………………136
土星と冥王星…………………………138
土星とドラゴンヘッド………………140
土星とアセンダント…………………142
土星と MC……………………………144

天王星と海王星………………………146
天王星と冥王星………………………148
天王星とドラゴンヘッド……………150
天王星とアセンダント………………152
天王星と MC…………………………154

海王星と冥王星………………………156
海王星とドラゴンヘッド……………158
海王星とアセンダント………………160
海王星と MC…………………………162

冥王星とドラゴンヘッド……………164
冥王星とアセンダント………………166
冥王星と MC…………………………168

ドラゴンヘッドとアセンダント……170
ドラゴンヘッドと MC………………172

アセンダントと MC…………………174

第3章
スターナビゲーターによる
ハーフサムの計算方法
1. 出生データを登録する……………177
2. 設定を行う…………………………178
3. 一重円………………………………180
4. 三重円………………………………182

おわりに………………………………**186**

～ 必ずお読みください ～

1. 本書では、文中は 60 進法を用い、15° 30′ は
   15 度 30 分のことを指しています。「29 変通
   41」は変通の 29 度 41 分を指します。また、
   本書に表示している「スターナビゲーター」
   という占星術ソフトで作成しているホロス
   コープは 10 進法表記のため、15 度 30 分は、
   15.5 度と表示されます。

2. 文中の「運動」は活動宮、「定着」は不動宮、
   「変通」は柔軟宮を指します。

3. 文中の「＝」は一致、コンジャンクション、
   接触、コンタクトとも呼ばれる状態を指し
   ます。

はじめに

　私は三十数年前、師である門馬寛明先生よりドイツの占星家ラインホルト・エバーティン（Reinhold Ebertin 1901 〜 1988）の英訳書である「The Combination of STELLAR INFLUENCES」（天体の影響のコンビネーション　1940）の翻訳テキストによって「ハーフサム」（Half-Sum）に出会いました。

　私がハーフサムの真価を知ったのは自分と2人の女性との関係（相性）を見たときです。ともに非常に親しい関係でしたが親しくなった理由がアスペクトではハッキリと表示されていなかったのです。もちろん調和はありましたが単に「良い」では説明になりません。彼女らが「他の相性が比較的良い女性たち」とは何が違っていたのか。その「明白な説明」が欲しかったのです。そして私が発見したハーフサムは次のようなものでした。

　　（私）☉♈ ／ ♀♈ = ☽　　♈　　　女性 A
　　（私）☉♈ ／ ♀♈ = ASC　♎　　　女性 B

これが「決定的」な表示でした。

　2010年に独立してブログを開設してからさらに実践を重ねてきましたが、私がブログで繰り返し表明してきたことは「ハーフサムなき占星術はあまり役に立たない」ということです。

　しかし、30数年前からハーフサムは一部のプロ以外には普及していません。
理由は、（1）難しい　（2）手間がかかる、の2点と思われますが、ハーフサムは決して難しいものではありません。構造を知ってしまえばあとは「解釈」だけです。

　問題は「手間」で、たしかにハーフサムを取り入れると「見なければならない部分」が多くなります。しかし、そこがハーフサムの醍醐味なのです。ハーフサムで見ればこそ「アスペクトでわからなかったこと」が見えてきます。一度でもその表示力を知ればもうハーフサムから離れられなくなるでしょう。私は鑑定でもプライベートでもハーフサムをごく当たり前に使用しています。
　なお、このテキストはネイタルチャート（出生図、N）についてのテキストですが、マンディーン（Mundane）についてもハーフサムの技法は普通に使用されます。

　また、このテキストでは　ASC、MC、10天体、ノードの個別の意味は記述していません。特に難しいものでもなく基本的な知識なので省略しましたが、意味はコンビネーションの説明からも学べると思います。

20ページから各コンビネーションの意味が短い言葉によって記されています。ハーフサムをご承知の方ならすぐにでもご自身に当てはまる項目を読むことができます。しかし、お願いしたいことがあります。自身に該当するところを見て、そこに厳しい言葉が並んでいたとしても直ちにショックを受けないでほしいのです。いうまでもなく、このテキストはハーフサムのコンビネーションの意味を記したものですから厳しいコンビネーションの意味はそのまま言葉として示してあります。しかし、言葉そのものに神経質になる必要はありません。それらは「コンビネーションの象意」にすぎず、それが人生の全体の中でどのように反映するかはあくまで「全体評価」によるのです。

　こうした記述では筆者の個人的な性格、経験、感覚が反映されます。私はこのテキストを皆さんに長く使用していただけるように言葉の1つひとつにも配慮して記したつもりですが、もとより「完全なもの」などあり得ません。エバーティンの記述が完全なのもではないように、このテキストの内容も将来変更され、改善されるべきものです。

　このテキストはARI占星学総合研究所の運営会社、株式会社グランドトラインの社長・祖父江恵子氏の着想によって完成されたものです。ASC「合」天王星である祖父江氏のまさに「革新的な着想」といえます。この話をいただいたとき私が真っ先にしたことは「DCチャート（デイリー・コンポジットチャート）」の作成、次いで、祖父江氏と自分の「コンポジット」の確認でした。その表示が良いものであったため私はお引き受けしようと決心したのですが、もしそれがハードなものであったならこのテキストは実現しなかったでしょう。脱稿を待っていただいた祖父江氏には御礼の言葉以外にありません。

2019年9月1日　工藤明彦

ARIの書籍をご購入いただきまして、
誠にありがとうございました。
無料・有料の様々なサービスを
ご活用いただければ幸いです。

ホロスコープ作成ソフト
| スターナビゲーター

| 無料・有料動画セミナー

| YouTube チャンネル

星の情報をお届け！
| 無料メルマガ

あなただけの占い
| 77億分の1。シリーズ

本格的なインターネット占い
| 「占いの部屋」

単発からコースまで
| 「占星学のスクール」

E-mail ari-support@arijp.com　　TEL 03-6425-7265

Astrology Research Institute

未來予報
カレンダー

77億分の1。
ふたりの相性
恋愛と結婚の時期

77億分の1。
わたしだけの
バースデーブック

ARI占星学総合研究所
https://arijp.com

第 1 章

ハーフサムの構造と見方

1. 構造

ハーフサムは「感受点と感受点の事実上の中間点」と、そこに45度、90度、135度、180度を成す計8地点を総称したものです。掲載したチャートは昭和天皇の「ネイタルチャート（出生図、N）」と、その「90度円」です。90度円はハーフサムを目で眺めるためのチャートです。

90度円の真上から左斜め下までの120度の領域にはカーディナル（cardinal）サイン（運動星座）の感受点が記され、同じく、真上から右下120度の領域にはミュータブル（mutable）サイン（変通星座）、残る下の120度の領域にはフィクスド（fixed）サイン（定着星座）の感受点が記されます。

各領域には30度ずつ目盛りが付いていて全体で「90度の円」になっています。

昭和天皇の90度円の右上には天王星（♅）が見え、左上には木星（♃）が見えます。その両者の中間は真上あたりに見えます。

実際に計算してみると両者の中間は「変通の29° 41′」にあることがわかります。計算は以下のようになります。

♅（変通サイン）16° 18′ ＋ ♃（運動サイン）13° 03′ ＝ 29° 22′ （21′ は22′ に繰り上げ）

29° 22′ ÷ 2 ＝ 14° 41′

どこの14° 41′ かは、運動＋運動では運動、定着＋定着では定着、変通＋変通では変通になりますが、2つの三要素が違う場合は次のようになります。

運動＋定着では＝変通
運動＋変通では＝定着
定着＋変通では＝運動

昭和天皇の天王星（♅）は射手座で「変通」、木星（♃）は山羊座で「運動」ですから導かれた数字（14° 41′）は「定着の14° 41′」ということになります。

この位置は90度円のほぼ真下の位置ですがハーフサムはその反対側にも生じます。

「29変通41」がその位置です。この2つの位置が90度円で正確に真反対の位置にあることは目で確認できます。このように、どんなハーフサムでも90度円では2か所の正反

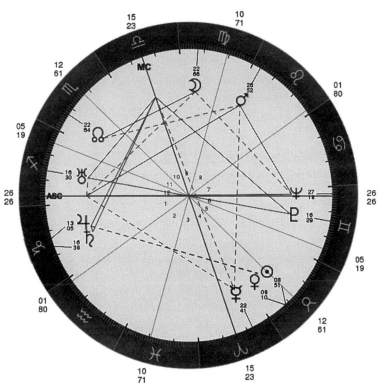

昭和天皇ネイタルチャート

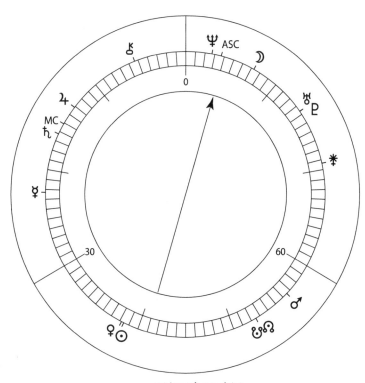

昭和天皇 90 度円

第一章 ハーフサムの構造と見方

ハーフサムの構造と見方

対の位置にハーフサム点が生じます。昭和天皇の 90 度円における天王星（♅）と木星（♃）の中間点は「近い方の中間点」（29 変通 41）と、「遠い方の中間点」（14 定着 41）があり共にハーフサム点になります。

　私は反対側のハーフサム値を知るためにいつも頭の中で「15 をプラス」します。14 変通 +15 ＝ 29 で、変通の 29 度、あるいは、29 変通 +15 ＝ 44、44 － 30 ＝ 14 で、定着の 14 度と暗算します。

　もちろんこのような計算をしなくても占星ソフトを使用すれば直ちにハーフサムの直接点を知ることができます。直接点を知ることができれば他の 7 つのハーフサム点は自動的にわかるでしょう。

昭和天皇の天王星（♅）と木星（♃）のハーフサムは 8 か所

　　29 双子座 41、29 乙女座 41、29 射手座 41、29 魚座 41 ＝変通の 29° 41′
　　14 牡牛座 41、14 獅子座 41、14 蠍座 41、14 水瓶座 41 ＝定着の 14° 41′

の計 8 点。

　このうち天王星（♅）と木星（♃）の事実上の中間点である「29 射手座 41」が直接点となり、「最も強いハーフサム点」になります。

　昭和天皇の天王星（♅）と木星（♃）のハーフサム点には他の感受点が存在しません（90 度円を眺めてみるとわかります）。これを「軸が満たされていない」と表現します。したがって、このテキストの 3 つの感受点による説明では意味を知ることができないように思われますが、軸が満たされないハーフサムにも意味は潜在的に存在しています。♃／♅の「原理」にある「ラッキーチャンス」という意味が常に潜在していて、ここにプログレス（P）やトランジット（T）が来ることによって「その意味」が刺激されることになります。もちろん、プログレス（P）やトランジット（T）の性質によって強度やニュアンスが違ってきますが基本的に「ラッキーチャンス」であることに変わりはないのです。

　なお、昭和天皇の⊙／♀は「軸が満たされている」状態です。

　　⊙／♀（15 変通 27）＝♅（16 射手座 18）、＝♇（16 双子座 17）

　太陽（⊙）と水星（♀）の「直接点」は「00 牡牛座 27」で、90 度円で見れば「00 定着 27」の反対側に　天王星（♅）と冥王星（♇）があることがわかります。23 ページの解説によって、⊙／♀＝♅、⊙／♀＝♇　の意味を知ることができます。

12　ハーフサムの構造と見方

2. オーブ（orbs ―許容度）

ハーフサムのオーブは ± 1° 30′（1度半。前後計 3° 00′ まで）が基本です。「直接点」については 2° 00′ まで有効ですが、場合によっては 2° 30′ まで広げてもよいこともあります。

アスペクトのオーブに関してもさまざまな考え方がありますが、ハーフサムのオーブも「厳密に定義」されるべきものではありません。1° 30′ のオーブはエバーティンが著書で提示している数値で、私もこの数値が妥当と考えていますが、いうまでもなく、1° 31′ 差なら無効ということではないのです。

3. 真正

オーブに関して、私は「真正（しんせい）」という概念を提唱しています。これは「誤差 0° 10′ 未満」の極めて厳正なハーフサムの形成を指すものです。真正の威力について私は何度も経験してきました。夫婦のチャートの比較で一方のハーフサムに対して他方の感受点の1つが真正に一致（＝）していることはよく見られることですし、不幸な事件のイベントチャートに真正のハーフサムが形成されていることも普通によくあることです。

ただ、出生図（ネイタルチャート、N）のアセンダント（ASC）と MC に関して真正を認めることには注意しなくてはなりません。人の誕生は自発的な肺呼吸を始めた瞬間をもって始まり、その瞬間で ASC、MC が確定しますが、たとえ母子手帳に時刻が記されていてもそれが厳密な意味で正確かどうかはわからないのです。1分の誤差が生じると ASC は 0° 15′ 違ってきます。出生図の ASC と MC に関わる真正の適応は注意深く扱う必要があります。

4. 複合ハーフサム

これは複数のハーフサムの軸が一致（＝）することをいいます。これを 90 度円で目で発見しようとすることは慣れないうちは難しいものですが、占星ソフトのハーフサムの数値を見ることによってわりと簡単に発見できます。エバーティンは著書の中でハーフサムには（1）直接ハーフサム、（2）間接ハーフサム（直接以外の7種）、（3）複合ハーフサムの3種のハーフサムがあることを指摘しています。

昭和天皇の出生図では、☉／☽＝♃／♄が複合ハーフサムです。
この場合は「昭和天皇の人格（☉／☽）が♃／♄を持っている」ということになり、♃／♄の「原理」「性格」「社会的意味」などを見ることになります。

ただし、土星（♄）は「16 山羊座 22」で単独で「☉／☽＝」（0° 47′ 差）を持っていますから、♃／♄とは別に☉／☽＝♄の項目を読むことになります。

実は昭和天皇の☉／☽＝♃／♄は MC（15 天秤座 13）に一致（＝）しています。これは非常に重要な一致（＝）です。これらの意味について私は次のように書きました。

☉／☽＝ MC

「社会で自己確立をしようとする意識と努力、公共的な仕事、協力の実現、結婚への強い意識、結婚の実現」

♃／♄＝ MC

「忍耐強く自分の目的に取り組む性向、年令を増すにしたがってしだいに向上していく人生、人生前半期は不可避的な変動変化に苦闘を強いられる」

昭和天皇の人生にとって最大の要素は「太平洋戦争」です。40 才のときの勃発はまさに人生前半期の苦闘そのものであったでしょう。「自己確立」は天皇制の護持を通して日本を維持していこうとする「意識と努力」。そして「公共」は天皇そのものであり、「結婚への強い意識と実現」は結婚による皇室継承への強い意識と実現、そして、アメリカとの"結婚"を意味しています（後述）。

このように複合ハーフサムは「ハーフサムとハーフサムの意味の合体」として解釈しますが、そこに別の感受点が＝すれば該当するコンビネーションの項目を読み、全体としての意味を考えます。

複合ハーフサムには何重にも重複しているケースもあります。それがハーフサムの難しい点なのですが、経験を積むことによって自然に把握できるようになり、その全体的意味を感じることができるようになるでしょう。

5. ハーフサムとアスペクト（aspect）

ハーフサムは直接点とそれに対する 45 度、90 度、135 度、180 度の地点を指します。つまり、直接点に対してはアスペクトでいう「ハードアスペクト」が形成される位置です。しかし、ハーフサムは「2 つの感受点の軸に他の感受点が一致することによって生じる意味」に視点が置かれています。アスペクトでも感受点の意味は重要ですが「アスペクトの種類」も問題になります。しかし、ハーフサムでは「感受点の意味」がすべてといっていいほど重要になります。

たとえば、火星（♂）、土星（♄）、冥王星（♇）のグランドトライン（120度の大三角形）が形成されていればアスペクトでは「調和」ですが、もし♂＝♄／♇などが成立していれば意味はかなりハードになります。もちろんTスクエアであるよりは「マシ」であるとはいえますが、♂＝♄／♇　のグランドトラインは明らかに「ハードな形成」です。逆に、太陽（☉）と月（☽）がハードアスペクトであっても、ここに木星（♃）が加わり、☉＝☽／♃などが成立すると「幸運」の意味のほうが主力になりますから太陽（☉）と月（☽）の「ハード」の意味はこの部分に限っていうなら事実上ほとんど「無い」も同然になります。

　このように、アスペクトとハーフサムが矛盾するように見える形成があって判断に迷うときは基本的にハーフサムのほうを重視します。もちろん、アスペクトを軽視してよいわけではありません。すべての判断はアスペクトとハーフサム両方の適切なバランスによって得られるのです。

6. ハーフサムとプログレス

　プログレス（P）には多くの方法がありますが、私はほとんど「セカンダリー・プログレス」（Secondary Progress）と呼ばれる「一日一年法」の「P：P」（進度と進度）、および「P：N」（進度と出生位置）を使用しています。決してこれで十分とは考えていませんが現在のところこれ以上使いやすく有効性のあるプログレスを知りません。

　ハーフサムはプログレス（P）においても、トランジット（T）においても有効です。ただし、出生図におけるオーブは1°30′でしたが、プログレス（P）とトランジット（T）のオーブは常に最大で1°00′までです。

　太平洋戦争が始まったとき（1941年12月8日）、昭和天皇のプログレス（P）には次の形成がありました。

　P☉（♇）／P♂＝P　♅
　P☽／P♅＝P♂

　これらのコンビネーションの意味をこのテキストで確認すれば「開戦」がいかに性急な行為であったかがわかります。なお、プログレス太陽（☉）（プログレス冥王星♇）と、プログレス月（☽）、プログレス火星（♂）、プログレス天王星（♅）は大きく見てグランドクロス（大十字）です。しかし、度差があるためプログレスが形成されていることにはなりません。プログレスをハーフサムで見ることによってはじめて形成を知ることができるのです。

7. ドラゴン（ノード　node）

　エバーティンは著書で ASC、MC、10惑星（⊙、☽、8惑星）の他には「ドラゴン」の
コンビネーションだけを加えています。その事実からエバーティンがドラゴンの有効性を
認知していたことがわかります。私もこのテキストではドラゴンを加えていますがドラゴ
ンはあくまで「架空の占星点」ですから重視しすぎないようにしてください。エバーティ
ンがドラゴンの原理を「交際、連携」としているようにドラゴンは明らかに「人との接点」
ですが、対人関係という意味ではあくまで「7ハウス」が主たる表示領域です。

8. 小惑星（asteroid）

　このテキストでは小惑星は扱っていませんが、小惑星のハーフサムを見ることもあって
いいことです。ただ、小惑星は強いものではありませんから慎重さが必要です。私が現在
使用している小惑星はジュノー（juno）とセレス（ceres）ですが、アスペクトにおいては「合」
（0度）、「衝」（180度）、ハーフサムにおいては「直接」または「準直接（直接点の反対側）」
だけを見ることがほとんどです。他の形成ではたとえそれが「真正」なものであっても重
視することはありません。

9. 混同

　P／T、PとTのハーフサムはあり得ませんので注意してください。ハーフサムはあく
まで、P：P、T：T、N：Nの間で形成されます。

　　※P：プログレス、T：トランジット、N：ネイタル

10. コンビネーションの読み方

　コンビネーションは「原理」や「社会的意味」などから応用を効かせて読むことができ
ます。

　「4. 複合ハーフサムの項」で、昭和天皇の⊙／☽＝MC の「結婚の実現」を「アメリカ
との結婚」とも記しました。MC には「職業運」と共に「結婚という社会的認知の確立」
の意味があり、そこに⊙／☽が＝し、「男（⊙）と女（☽）の社会的確立」から「結婚の実現」
という意味が生じます。これはもちろん昭和天皇の結婚に対する姿勢の表示でもあります
が、この強い＝を単に「結婚の表示」としてのみ解釈することは狭い考察です。アメリカ
から降伏を迫られた時、日本をさらに壊滅に追い込むことができなかった天皇の意識には、

MCの社会観に対する「☉／☽の思い」があったといえます。☉／☽の「性格」には「調和のとれたキャラクター」の意味があり、「社会的意味」には「結婚」と記されています。ここからアメリカとの「社会的な調和（＝結婚)」と読むことができるのです。

　このようにコンビネーションの言葉は柔軟な発想で活用してほしいのです。「死」と書かれていても自分が短命だという直線的な受け取り方は不適当です。大切な人を失う経験であったり、人生の中の倒産（組織の解散）などの経験、事故や病気、あるいは職業上の危機感やそのような環境なのかもしれません。

　コンビネーションの意味については神経を配りました。エバーティンの原書よりはるかに適切な表現になっていると自負しています。このテキストを皆さんの今後の占星術の学びの一助にしていただければと思います。そして、座右の書として永くご活用していただければ筆者としてそれ以上の喜びはありません。

第 2 章

ハーフサム解説

▌原理
意識と無意識（潜在意識）、バイタリティとフィーリング、夫と妻　男と女

▌性格
+ 　調和のとれたキャラクター、意思と感情の適切なバランス、安定した気分
− 　意思と感情の不一致、矛盾した行為、誤解されやすい

▌生物的意味
体液のバランス、漿液、血清、目

▌社会的意味
夫と妻、父と母、男と女、結婚

▌出来事
+ 　親やパートナーとの良い関係、共同の成功、社会的交流、公共に関係する
− 　親やパートナーとの不和、精神的な緊張、不和による不満と困難

☉ / ☽ ＝ ☿
知的好奇心、向学心、人との意見交換や情報交換を望む、男女関係や結婚に対する独自の意見、考え方が一致する夫婦関係あるいは男女関係、若者との交際

☉ / ☽ ＝ ♀
優しさ、親和しようとする心、意思と感情の穏やかな調和、他人から愛され支持される性質、芸術的興味、愛のある結婚

☉ / ☽ ＝ ♂
心身の活力とエネルギー、果断な行動力、決断力、理想や欲望を叶えようとする強い衝動、性的魅力、共同の目的実現への努力と達成

☉ / ☽ = ♃

誠実さ、楽観的な人生観、良い知性と情感を合わせ持った気質、一緒に建設しようとする強い願望、所有感情、幸せな人間関係、共同の成功、幸福の分配、結婚、誕生

☉ / ☽ = ♄

冷静沈着、忍耐力、やや悲観的な人生観、責任を重荷と感じながらも果たそうとする性向、コンプレックス、抑圧された感情、孤独感、集団からの離別、異性問題の苦悩、離別、病気

☉ / ☽ = ♅

自由と独立に対する強い衝動、独創力、開発力、適応性の欠如、反抗性、制度に対する反発や因習への嫌悪、交友関係・家族・親との衝突や突発的な事件、パートナーとの離別、個性的魅力

☉ / ☽ = ♆

情緒的性質、感じやすさ、インスピレーション、論理性と確実性の欠乏、他人から騙されやすい、簡単にあわてたり狼狽しやすい、間違い、誤解、不明瞭、不安定

☉ / ☽ = ♇

他人に命令を下し支配する力、あるいは命令され支配される不運、権力意識、他人を魅了する個性、あるいは魅了されたり支配される経験、理性でコントロールできない不可避な運命との遭遇、強制的な出来事、死に関する意識、独力で生き抜こうとする精神、心理的な矛盾による魂の傷、偏見あるいは環境の変化が原因で人生が脅かされたり危険に導かれたりする可能性

☉ / ☽ = DH

仲間意識、共同性、適応性、連絡や接触、結婚を目的とした交際

☉ / ☽ = Asc

他人との交際の希望、社交性、結婚願望

☉ / ☽ = MC

社会で自己確立をしようとする意識と努力、公共的な仕事、協力の実現、結婚への強い意識、結婚の実現

太陽と月

太陽と水星

▌原理
思考、理解と知識

▌性格
+ 実際的な思考力と鮮明な理解力、知識と情報の適切な処理能力、組織能力（編成・構成する力）、慎重、配慮
− 明快さの欠如、非建設的な会話（無駄話）

▌生物的意味
結合組織、思春期

▌社会的意味
若い人々、ビジネスマン、知的労働者

▌出来事
+ 知識や情報の獲得、実際的な判断によるビジネスの成功
− オーバーワークが原因の神経疲労

☉ / ☿ ＝ ☽

豊かな感受性、直感で物事を把握する性向、人に対する配慮と思いやり、思慮深さ、ときに不安定な情緒性

☉ / ☿ ＝ ♀

優しい考え方、親和しようとする気持ち、愛を考える、若い愛　子供への愛情、芸術への志向

☉ / ☿ ＝ ♂

知的闘争力、知的向上心、素早く物事の核心に到達する力、断固たる意見と姿勢、好戦的、性急、口うるさく批判的

⊙ / ☿ = ♃

　人生に対する楽天的な姿勢（楽天主義）、広い視野、寛大な心、豊かな思考、適切な判断を下す能力、優れた外交・折衝能力、雄弁、人間関係の良いコネクション、組織者、後援者

⊙ / ☿ = ♄

　人生に対する悲観的な考え方、真面目さ、耐えようとする性向、コンプレックス、自分の考えに固執する傾向、人から離れたい気持ち、別れを伝える、あるいは伝えられる経験、告別

⊙ / ☿ = ♅

　独創力、発明性、技術的な才能と勘、作り上げたり破壊したりしたい衝動、新しい環境に対する力強い順応力、飛躍する発想、人の意見に耳を貸さない（自信がある）

⊙ / ☿ = ♆

　情緒的思考、非現実的な考え、想像の増大、インスピレーション、根拠のない未来の幸運を期待する傾向、判断ミス、うっかり、勘違い、他人から騙されやすい傾向、詐欺の経験

⊙ / ☿ = ♇

　大きなことを考える性向、他人に対して圧迫を感じさせるような表現（言葉）をする人、強い暗示力、神経的な緊張、強迫感

⊙ / ☿ = DH

　人と話すことを楽しむ、人の意見に同意し共鳴する社交性、人との交流によって多くの知識と着想を得る

⊙ / ☿ = Asc

　知的な個性、知識欲、理解力、会話を好む、アイデアの交換、交渉・商談・協定における適切な折衝能力

⊙ / ☿ = MC

　自分の考え・アイデアを社会に表明する、優れたビジネスセンス、会話力、折衝・取引の才、商才、知的な仕事

太陽と水星

原理
愛、調和、美

性格
+ 愛の表現、暖かい思い、魅力、人気、芸術的性向、美や音楽に対するセンス、社交生活の中の配慮とマナー
− 愛の執着、甘え、贅沢、怠惰、快楽を求めての浪費、外見のためだけに行動する傾向

生物的意味
全腺組織、卵巣内の卵胞

社会的意味
愛される人、芸術家

出来事
+ 愛の経験、交際、デート、婚約、娯楽、歓待、人気、芸術的な喜び
− 欲求不満、放埒(ほうらつ)な生活、浪費

☉ / ♀ = ☽
強い愛の感覚、魅力的な振舞い、愛情深い気質、慈しみ育てようとする母のような優しさ、優しい女性、優しい母

☉ / ♀ = ☿
愛の問題について自分の意見・アイデアを表現する人、相互理解と会話を基調とした愛情表現、親和性、優しい愛の言葉、芸術的な志向

☉ / ♀ = ♂
元気溢れる人、人と共に喜びを分ちあう、情熱的、愛の衝動、性的衝動（特に男性にとって）、芸術の楽しみ

☉ / ♀ = ♃

幸福な愛情関係、豊かな愛情表現、誠実な思いやり、愛のプレゼント、愛の確信、芸術的センス、美のある生活環境

☉ / ♀ = ♄

感情表現・愛情表現の抑制、愛における劣等感、内気で臆病な愛、愛の困難と苦悩、愛の悲しい経験、別れ、社会生活の中の一般的な不人気、難しく骨の折れる芸術的な仕事

☉ / ♀ = ♅

身勝手な愛の感覚、しかし魅力的な愛、愛の技巧と演技、突然の愛の衝動、フリー・ラブ、強い性衝動、愛人とのやり直し、愛の変化、愛のない情熱、芸術的アイデア

☉ / ♀ = ♆

愛の不実、愛の嘘、愛を間違って表現したり劣悪な方法を用いる可能性、愛や芸術に対する間違ったアイデア、愛の迷い、愛の失望、快楽への耽溺

☉ / ♀ = ♇

愛情生活における強い興奮性、他人を魅了し支配する、あるいは魅了され支配される関係、運命的な愛の結合

☉ / ♀ = DH

人に対する優しい振舞い、人を歓待し歓待される、好きな人と一緒にいたい強い願望、芸術的な愛好家との交際

☉ / ♀ = Asc

愛すべき優しい人柄、他人に愛情表現をする人、愛の接触、愛の経験、美的で平和的な環境を好む

☉ / ♀ = MC

愛によって人生を構築したい感情、社会活動の中で愛と信頼を見出そうとする人、幸福な人間関係、親からの愛情、愛のある結婚、芸術の愛好、芸術的仕事の成功

太陽と火星

原理
生きる意志と力、生命力、行動力

性格
+ エネルギー、生命力、決断力、達成力、ファイティングスピリット、何かに努力していたい衝動、リーダーシップ、運動競技能力、性的バイタリティ
− 短気、頑固、強情、自己中心的、興奮しやすい、喧嘩腰、猛烈さ

生物的意味
筋肉組織、細胞活動、精液

社会的意味
戦う人、軍人、スポーツマン、外科医

出来事
+ 成功、勝利（目的達成）、困難や危機の克服、リーダーシップの獲得
− 自分の欲張った期待による失敗、過度な力の発揮、他人との緊張状態、喧嘩、事故、負傷

☉/♂=☽
男性的な気質、衝動的でムードで行動する傾向、短気だが率直、ストレートな気質、結婚への情熱、活発な女性

☉/♂=☿
願望への情熱的な取り組み、強い意思表示、鋭い言葉、強い論争性、批判性、知的リーダー、知的ファイター

☉/♂=♀
活力に満ちた人、熱烈な愛情表現、強い性的情熱、芸術的な創造力

☉ / ♂ = ♃

楽観的で前向きな人生観、活発な行動力、決断力、社会的成功とリーダーシップの獲得、投資の成功、恵まれた体質と健康

☉ / ♂ = ♄

バイタリティの不足、悲観的傾向、弱気、自制、不活発、職業上の困難や障害、戦いや競争での負け、離別、夫の苦しみや悩み

☉ / ♂ = ♅

勇敢だが性急、衝動的な決定、興奮しながらの仕事ぶり、過大な目標、過激な手段、十分な準備がなされていない段階での見切り発車、無理をしている、突っ張っている、他人の忠告を聞かない、突然の事件、アクシデント、職業の変化、軍事的な招集

☉ / ♂ = ♆

仕事に対する嫌気、無力感、バイタリティの不足、不健全な行為や活動、職業上の地位が覆される危険、通告される、危険、失望、嘘、詐欺、病気、裏切られる、騙される、弱い夫

☉ / ♂ = ♇

強大な野心、仕事上の熱狂と緊張感、自分の目的達成のために脅迫や暴力を用いる傾向、徹底性、疲れを知らないタフネスさ、常軌を逸した行動、無法、過酷、暴力（戦争）

☉ / ♂ = DH

活発な交友関係、特定の目的のための結束とチームワーク、結婚の施設（団体）

☉ / ♂ = Asc

強い決断力と行動力、勇敢、果断、リーダーシップ、強い体質、競技能力、明確な目的のために全エネルギーを投入する、女性のチャートでは男性との縁

☉ / ♂ = MC

仕事に対する愛着と情熱、自分の能力を結果を示すことによって示したい願望、競争社会での奮闘と勝利、女性のチャートでは男性との縁、または男性との結合

太陽と火星　27

原理
幸福感、健康

性格
+ 誠実、健康、健全な出世意欲、宗教的倫理観、社会的良識、所有と拡張への意欲、創造力、目的達成力、楽天性、寛大さ
− うぬぼれ、怠慢、不注意、無頓着、無思慮、浪費

生物的意味
器官の組織要素(構成分子)、血液中の再生力

社会的意味
資産家、著名人、健康な人

出来事
+ 成功、昇進、経済的繁栄、表彰と名誉
− 尊大あるいはうぬぼれた態度が原因となる争いごとや損失

☉ / ♃ = ☽

健康な体と健康な精神、明朗で協調的な感情表現、どのような困難に遭遇しても人生の希望を信じる人、結婚生活の幸せ、幸福な妻、幸福な母

☉ / ♃ = ☿

建設的な考え方、理性的な判断、適切な表現力、理解力、知識・情報・思考・表現を通じての成功、協定や契約などの締結、グッドニュース

☉ / ♃ = ♀

愛の幸福、健全な愛情関係、豊かなセックスライフ、誠実さと思いやり、社会的な人気、物質的富裕、良い趣味と多くの娯楽、芸術性、芸術的成功、楽しく愛情のある夫

⊙ / ♃ = ♂

意志力、決断力、行動力、健全な野心、衝動の健康的表現（活発）、何事にも楽しみながら取り組む性向、目的を達成する力、勇気、情熱、集中、出世、成功、健康、幸せな夫

⊙ / ♃ = ♄

自己嫌悪、無力、不適格、不適当、心理的抑圧、失業、幸運を逃す、物的損失、成功運の不足、病気

(注：この組み合せの意味の定義は難しく、♄から見れば「⊙ / ♃の良い意味を受ける」という形になります。定義的には上記のような言葉にならざるを得ませんが必ずしも全てが適切な表現とは思われません。判断においては極端にならないように注意が必要です)

⊙ / ♃ = ♅

幸運の期待、投機、突然の成功、独創的な創造力、起業の成功

⊙ / ♃ = ♆

豊かな感受性、芸術的センス、拡大する夢、油断、希望的観測、根拠のない楽観、行動が伴わない希望、騙されることによる物的損失

⊙ / ♃ = ♇

大いなる野心、権力または財力の獲得

⊙ / ♃ = DH

人と喜びや幸福を分かちあおうとする姿勢、自分の出世や発展のためスポンサーを得たい衝動、結婚への願望　幸福な人間関係

⊙ / ♃ = Asc

誠実、明朗、健康、幸福感、共同と協調の成功　結婚の幸福

⊙ / ♃ = MC

健全な野心、協調性、富と所有の獲得、幸福な人生観、名誉と名声、事業の成功、結婚の幸福

原理
試練、抑制、遺伝性の苦しみ、離別

性格
+ 堅実、忍耐力、慎重、謙虚、目的に集中する能力、人生において自分の地位を保持する力
− 感情的な抑圧、バイタリティの弱化、行動力の弱さ、愛情表現の自制、内気、悲観的になる傾向、肉体的発達の制限

生物的意味
歯、骨の組織の弱化、細胞の老化、リウマチ、動脈硬化、結石性の病気、硬化性の病気、遺伝性疾患

社会的意味
まじめな人間、老人、病人　一人で生きる人

出来事
+ 自制・熟慮することによる心理的な安定、真面目な努力による成果
− 社会的な苦闘、降格、減収、過重な責任、ストレス、他人からのプレッシャー、不人気、健康問題、孤独、離別

⊙／♄＝☽
意気消沈しやすい傾向、抑うつ状態、恐怖、劣等感、孤独感の増大、離別、死別、苦悩する妻または母、生理の乱れ

⊙／♄＝☿
悲観的な思考、憂鬱、危機感、煩わしい問題での神経疲労、離別を考える、表現（言葉）の自制、集中して物事に取り組む力

⊙ / ♄ = ♀

内気、愛の表現の抑制、冷淡、心が冷たくなるような経験、愛する人との離別

⊙ / ♄ = ♂

精神・肉体の成長の抑圧、活力の欠乏、生活のための苦闘、ハードな肉体労働、他人からの抑圧、孤独、悲嘆、病気

⊙ / ♄ = ♃

孤独の中の幸せ、集中して継続することによる成果、幸せな離別

⊙ / ♄ = ♅

人生における屈服の経験、情緒的・感情的な緊張と不安、神経質、危機、事故、離別、悲嘆、隔離、身体障害

⊙ / ♄ = ♆

バイタリティの欠如、無力感、知的発達の抑圧、感情的な乱れ、悪い周囲の環境

⊙ / ♄ = ♇

巨大な権力からの命令と強制、運命的な災難、難病、死

⊙ / ♄ = DH

人に対する消極的な姿勢、人から離れる傾向、人間関係における困難、別離、病人・弱い人・老人・真面目な人との交際

⊙ / ♄ = Asc

弱い体質、バイタリティの欠乏、真面目、自分の目的に集中する能力、何事も深刻に考える傾向、他人に対する感情表現を自制する人、他人と打ち解けない、誤解されやすい、孤立、絶交、別離

⊙ / ♄ = MC

社会や家庭からの抑圧、自己表現の困難、真面目な人生観、慎重、孤軍奮闘、一人で努力する必要性、孤独または寂しさ、離別

太陽と天王星

▍原理
革命性、革新性、異常

▍性格
+ オリジナリティ（独創性）、自由を望む、改革のための戦い
− 身勝手、気まぐれ、短気、せっかち、頑固、謝らない、矛盾した振舞い、トラブルメーカー

▍生物的意味
体と細胞のリズム、鼓動と呼吸、心臓神経

▍社会的意味
革命家、革新・改革しようとする人々、発明家、反抗する人

▍出来事
+ 生活状態の改善と進歩、職業または住居の変化、改革の実行
− 緊迫感、緊張状態、人生における突然の逆転、事故、災難

☉ / ♅ ＝ ☽

独創的な発想力、感情的な興奮性、衝動性、性急さ、突然気分や態度が変わる、人生目的の変更、風変わりな趣味や嗜好、異性との突然の経験、ヒステリックな女性

☉ / ♅ ＝ ☿

思考における斬新性と独創性、発明力、素早い認識・理解力、改革・改良することへの衝動、知的テクニシャン　電子頭脳への傾斜

☉ / ♅ ＝ ♀

恋または愛の興奮、突然に恋に落ちる傾向、過激なロマンチック性、普通でない愛の経験、愛における自由主義者、不倫

⊙ / ♅ = ♂

せっかち、急ぐことによる負傷、事故、外科手術、断固たる行動、妥協しない、争いを恐れない、普通ではない目的への過激な接近、騒がしい、トラブルメーカー、作り変える能力、独創的な才能

⊙ / ♅ = ♃

成功する改革家、発明家、魅力的な性格、良い認識力と理解力、財政的成功　突然の喜び

⊙ / ♅ = ♄

社会的な失策と失脚、抑圧と制限、孤立無援、災難、病気、障害、離別

⊙ / ♅ = ♆

感情的な不安定性、衝動性、有害で不利益なことに熱中しやすい傾向、水・液体・アルコールまたはガスに関する事故や事件、薬物の副作用

⊙ / ♅ = ♇

改革することへの猛烈な取り組み、物事をやり直すことに対する情熱、突然の運命的な出来事、身体的苦痛、身体的拘束

⊙ / ♅ = DH

変化する人間関係、人との交流によってさまざまな刺激を受ける傾向、個性的な人・変わった人との交際、突然の出会い、グループ内での自己主張、突然の離反

⊙ / ♅ = Asc

個性的な魅力のある人、独創力、革新性、自立性、強い自我、興奮しやすさ、わがまま、妥協しない性向、反抗性、落ち着きがなくせっかち、パートナーの変化、離反

⊙ / ♅ = MC

大きな野心と情熱、自由と独立への強い衝動、活発な活動、改革者、発明者、技術者、突然の出来事、仕事・家庭の変動と変化

太陽と天王星

原理
感じやすさ、弱さ

性格
+ 強い感受性、感激性、活発な想像力、神秘的なことへの傾倒
− 外部からの影響を受けやすい、人生に対する消極的な態度、弱さ、非現実的な目的、一貫性の欠如　薬物あるいはアルコールの刺激への渇望、自己欺瞞

生物的意味
機能の弱さ、細胞の弱さ、水腫、浮腫

社会的意味
弱い人、敏感な人

出来事
+ 活発なイマジネーション
− 人に騙される、そそのかされる、自己欺瞞、誤解、失望、混乱、不健康

☉／Ψ＝☽
外からの影響に支配されやすい、簡単に人から騙される傾向、感傷性、感激性、一貫性の欠乏、錯覚、思い違い、うっかり、不信、裏切り、確認不足からの失敗、配偶者を通しての失望、弱い・あるいは過敏な夫、女性の機能の低下

☉／Ψ＝☿
思考力の弱さ、論理性の欠乏、会話能力の不足、神経衰弱、詐欺、幻想

☉／Ψ＝♀
不明瞭な愛情表現、自信のなさ、不健康な性表現、愛の偽り、愛の失望

☉ / Ψ＝♂

バイタリティの欠乏、仕事や目的に対する意欲の欠如、筋肉の弱さ、愛情問題に
おけるコンプレックス、屈折した愛情表現、性生活の苦悩

☉ / Ψ＝♃

無気力な楽天性、夢の拡大と妄想、努力なしの幸運を夢見る傾向、難しい局面を
回避しようとする逃避性、豊かなビジョン、芸術性、自分を忘れるような心の底
からの楽しみを経験したい願望

☉ / Ψ＝♄

弱い体質、精神的活力の欠乏、勇気の欠如、無気力、病気、血液の疾患

☉ / Ψ＝♅

身体リズムの変調（痙攣、ひきつけ）、人生における不安定性と変異性、突然の事件、
失敗、混乱、身体上の異変

☉ / Ψ＝♇

運命的な抑圧による身体と精神の危機

☉ / Ψ＝ DH

人に対する消極性、不明瞭性、嘘や虚偽のある交際、病気の人・弱い人との接触

☉ / Ψ＝ Asc

明白性の欠如、ムードに支配される人、意志力の欠乏、自分の人生を発展させる
力の弱さ、自分を偽ったり、他人から偽られたりする傾向、耽溺性、愛の不実行
為

☉ / Ψ＝ MC

強い感受性、神経過敏、自分の人生を切り開く力の弱さ、否定的・悲観的な人生観、
自虐性、弱い人、病人、（チャートによっては）芸術的な仕事の成功

原理
権力、支配

性格
+ 権力獲得のための奮闘、強い目的意識と執行力、リーダーシップの資質
− 過酷、非情、尊大、他人を支配下に置きたい欲望

生物的意味
細胞の再生

社会的意味
勇敢な人、他人を支配する人

出来事
+ リーダーシップ・権力の獲得、野心の達成、敵を打ち負かす経験
− 圧迫を受ける経験、肉体的苦痛、運命的な離別

⊙ / P = ☽
強い感情的な衝動性、大きな望みを持つことによる精神の緊張、人生における抑圧の経験、精神的な危機、病気の女性

⊙ / P = ☿
知的に優越したいという野心、他人に対して影響を与えられる暗示力、目標のために何時間でも連続して取り組める知的強靭さ、神経の疲労、神経の危機

⊙ / P = ♀
性的魅力、美的創造力、愛における支配あるいは服従

⊙ / ♇ = ♂

記録達成力、強靭な意志と執行力、敵を打ち負かす性向、力の過大な負担と酷使、非情、暴力の行使、身体の危機

⊙ / ♇ = ♃

成功と権力の獲得、巨大な物質的繁栄

⊙ / ♇ = ♄

人生における試練、宿命的な不運、身体障害、別離、権力者からの抑圧・制限・拘禁

⊙ / ♇ = ♅

強靭な目的意識、果断性、改革することへの強い衝動、安全や常識を顧みない偏執性、熱狂性、突然のアクシデント、倒産、公権力からの呼び出し

⊙ / ♇ = ♆

強い感受性、神経過敏、心身の活力の欠乏、抵抗力の弱さ、病気、発達障害

⊙ / ♇ = DH

人との交流で生じる支配（命令）と被支配（服従）の問題、運命的な接触、離別

⊙ / ♇ = Asc

強い権力志向、他人を支配したい衝動、強いプライド、非情な執行力、周囲の不穏な状況、自分を保持・維持するための厳しい戦い

⊙ / ♇ = MC

強大な権力志向、強大な目的意識、リーダーシップの掌握、（チャートによっては）職業上の危機、公権力との衝突

太陽と冥王星　37

太陽とドラゴンヘッド ☉/DH

原理
交際、公共（大衆）

性格
+ 交際とチームワークに対する熱意、励ましあう関係
− 人との不調和、自我の主張

生物的意味
自律神経機能

社会的意味
男性同士のつながり

出来事
+ 協力と団結の喜び、チームワークの成功、夫（男性）との結合、社会的なつながり
− 交際の不和、断交

☉/DH ＝ ☽

人に対する豊かな感受性、協調性、思いやりのあるフィーリングの交換、男と女、あるいは夫と妻の結合

☉/DH ＝ ☿

交際しようとする積極的な姿勢、会話による関係の確立、他人とのアイデアの交換、ビジネス上の接触、ニュース、若者との接触と交際

☉/DH ＝ ♀

人に対する暖かい物腰、優しい感性と穏やかな言葉、親和性、芸術家や芸術に関心を持つ人と交際したい望み、愛される経験、恋の芽生え

⊙/DH＝♂

結束とチームワークに対する強い情熱、リーダーシップを取りたい、男性的な気持ちの表明、肉体的魅力を基調とした交際、女性にとっては男性との縁（激しい情熱を伴う）

⊙/DH＝♃

他人に対して寛大で誠実、協調性、順応性、一緒に楽しむことを望む、強い社交性と広い交際範囲、健全な良識、地域社会とのつながり、幸運な交際、幸福な結婚

⊙/DH＝♄

人前での感情表現の自制、閉鎖性、劣等感、適応性の欠如、社会的な支持・応援の不足、不人気、孤独、離別

⊙/DH＝♅

社会的に成功したい願望、改革したいという衝動、変化する人間関係、他人との関係で生じる突然の事件（成功、失敗、混乱、離反）

⊙/DH＝♆

人との間で起きる虚偽の経験、嘘、裏切り、失望、他人から悩まされることが多い

⊙/DH＝♇

人を支配したり支配下に置きたい衝動、大衆に影響を及ぼしたい願望

⊙/DH＝Asc

個人的に接触・交際したい欲求、社交性、女性のチャートでは男性との縁

⊙/DH＝MC

他人との関係によって自分の人生を確立したい願望、社交性、協力関係の成功、結婚生活におけるパートナーと一緒に築いていこうとする意識　公的な人間関係の獲得

太陽とドラゴンヘッド　**39**

太陽とアセンダント ☉/Asc

▍**原理**
　個性と意識

▍**性格**
　＋　自己認識、自己確立、向上心、自尊心
　－　自己矛盾、自己過信

▍**生物的意味**
　感覚器官の機能

▍**社会的意味**
　周囲の男性たち

▍**出来事**
　＋　自己認識、個人的興味の増大、希望の誕生、他人との良いコンタクト
　－　慢心、自我の主張、他人との不和

☉/Asc＝☽
　情緒的な性質、他人と協力したい願望、異性との交際

☉/Asc＝☿
　理知的な性向、知識欲、知的向上心、理解力、他人と接触して考え方や情報を交換したい強い願望、社交性、スピーチの才、批評力、しばしば批判的、企画力、巧みな取引、商才、若者との接触

☉/Asc＝♀
　情愛豊かな性質、周囲に対する調和的な態度、多くの人々から愛される人間的な暖かさ、社交の機会を楽しむ人、美しいものを愛する、結婚の幸福、子供への愛

⊙/Asc＝♂

ファイティングスピリット、目的達成に向かって果断に勇敢に挑む人、リーダーシップ、強い競争力、強い体質、女性のチャートでは強い男性との縁

⊙/Asc＝♃

誠実で寛大な性質、楽天的、健康、自分の個性を十分に発揮する幸運な人生、成功、信用、良い仲間、共同の成功、健全な社会的野心、社会良識、倫理観

⊙/Asc＝♄

真面目、慎重、謙遜、忍耐力、目的に対する粘り強い努力、一貫性、遅い自己開発（晩成）、自己表現の自制、身体的な発達の遅延、内気、行動力の欠乏、愛情表現の抑制、不器用、社会生活上の過大な負担や責任、認められにくい不運、不人気、孤立、離別

⊙/Asc＝♅

強い自己主張、自由と独立への強い衝動と執行力、独創性、革新性、人を引きつける魅力的な個性、騒がしく落ち着かない性質、人の感情をかき乱す傾向、他人との突然の経験

⊙/Asc＝♆

豊かなイマジネーション、他人の微細な感情を感知する能力、人からの影響を受けやすい、簡単にショックを受けたり感情的になる傾向、他人との交流における虚・中傷・失望の経験、金銭感覚の甘さ、経済的損失

⊙/Asc＝♇

自分の魅力によって他人に影響を与える人、自分にプレッシャーをかけることで目的を達成しようとする傾向、徹底性

⊙/Asc＝DH

人と交際したい願い、正直さと親切さ、協力関係の確立

⊙/Asc＝MC

社会で自己確立しようとする意欲、健全な社会観、社会的に認められる

第二章　太陽とアセンダント

太陽とアセンダント　41

▌原理
個性、人生の目的、栄誉

▌性格
+ 人生目的の確立、自己能力の開発、盛んな活動、成功と名誉　健康的な野心
− 尊大、人生目的の喪失

▌生物的意味
体質

▌社会的意味
著名な人々、成功者

▌出来事
+ 社会的成功、昇進、表彰、信用の確立、高名さの増大、目的の達成、個人的な進歩と向上
− 目的達成の困難

☉/MC ＝ ☽

人生の目的の本能的な正しい理解、信用を重ねて成功を築いていきたいという健全な願望、成功と名誉の獲得、異性との協力と共同の達成

☉/MC ＝ ☿

知的な仕事の成功、社会と世界についての意見を持つ人、正しい自己認識、向学心、会話の力、教授する能力、思考力、適切な評論と批評、認識・把握する力、知識・情報・データの活用による発展、人との交流と情報交換による前進、知己、商才、良いセールスマン、良いスピーカー

⊙/MC = ♀

社会に対する暖かい視点、人気と支持の獲得、調和的な性質、魅力的な振舞い、多くの趣味と娯楽、結婚生活の幸福　芸術的嗜好、芸術的な成功

⊙/MC = ♂

男性的気質、自分の目的を精力的に追求する、強い行動力、競争力、決断力、実力を認められることへの強い願望、著名になることへの熱意、成功と勝利の経験、リーダーシップの掌握、女性のチャートでは男性との強い縁

⊙/MC = ♃

人生に対する楽天的で積極的な姿勢、正々堂々とした明るさ、寛大さ、人生における大きな幸運の獲得、出世、経済的繁栄、結婚の幸福

⊙/MC = ♄

真面目な個性、社会における自分の責任を全うしようとする人、粘り強さ、一貫性、熟慮性、遅延する成功（晩成）、人生に対する悲観的な見方、内気、自己表現の自制、難問を突きつけられたり重い責任を負わされやすい傾向、協力することの難しさの経験、不人気、不支持

⊙/MC = ♅

人生目的の強い自覚、休むことなく努力し行動する人、機動性、自由と独立への強い衝動、改革への熱い情熱、独創性、着想力、素早く成功する能力、心理的な緊張、目的の突然の変化

⊙/MC = ♆

人生における誤った目的の追求、無気力な幸運への期待、明確さの欠如、失望と混乱

⊙/MC = ♇

目的達成への猛烈な願望と達成力、リーダーシップへの熱望、権力の獲得、強大な野心、他人に対して脅迫を用いて従わせようとする傾向

⊙/MC = DH

社会的交際の拡大、人脈の活用、共同や連帯による成功

⊙/MC = Asc

社会の中で自分の立ち位置を築いていこうとする明白な意識、目的の自覚、名誉や著名さの獲得、社会的交際への高い意識

月と水星

原理
敏感な感知

性格
+ 活発な思考力、直観性、適応性、繊細な配慮、良い把握力と識別力（言語を学ぶ能力）
− 変わりやすい気分、変わりやすい意見、神経過敏、気ままな発言、ゴシップ好き

生物的意味
神経系統、脳漿（のうしょう）、女性の思春期

社会的意味
知的・精神的に活動的な女性、女流作家

出来事
+ 意見交換、理解と認識の喜び、旅行
− 中傷される、神経性の疲労

☽ / ☿ ＝ ☉
敏感な知性、直観とフィーリングによる認識、人との活発な意見交流、おしゃべり、公共的な交際またはつながり、異性との接触

☽ / ☿ ＝ ♀
強い愛のフィーリング、おしゃべりと会話の喜び、芸術的センス、思春期の愛

☽ / ☿ ＝ ♂
素早い決定と即座の行動、感じたままに行動する直進性、ときに性急になりやすい、熱意のある意見表明、興奮して早口になる傾向

☽ / ☿ = ♃

健全で建設的な判断力、広い視野、柔軟な思考性、社会的倫理観、成功的な計画
ときに判断が甘くなりがち

☽ / ☿ = ♄

自分の世界に閉じこもりやすい傾向、他人との交流に消極的、悲観的な考え方、
向上心の弱さ、知的抑圧、言語能力あるいは聴覚の病気、絶交、別れを告げる

☽ / ☿ = ♅

独創的アイデア、奇妙な発想、神経過敏、突然変わる気分と意見、感情の爆発、
構造上の欠陥（理論的飛躍）　人生における突然の事件

☽ / ☿ = ♆

活発な想像と空想、ゴシップ好き、変わりやすい気分、誤った思考と判断、現実性・
論理性の欠如、人がでっちあげた嘘や中傷にさらされやすい

☽ / ☿ = ♇

神経の緊張、酷使、極端な思い込み、特殊な経験によって生じる精神的危機

☽ / ☿ = DH

人と意見やアイデアを交換したい望み、考え方の一致による交友

☽ / ☿ = Asc

豊かな感受性と発想力、表現力、人と話をしたい欲求、考えの活発な交流

☽ / ☿ = MC

自分の考えを表明する人、繊細な配慮を必要とする仕事での成功、神経的多忙

▍原理
愛する気持ち、献身

▍性格
+ 豊かな愛と優しさ、調和性、優雅さと社交マナー、美や芸術を好む、母になりたい気持ち
- 贅沢、外観を過剰に飾る傾向、甘え、厳しさの欠如

▍生物的意味
内分泌腺、女性の周期、妊娠能力

▍社会的意味
慈愛ある女性、母、女流芸術家

▍出来事
+ 社交の楽しさと喜び、愛の結合、家庭生活の幸福
- 不和、浪費、怠惰

☽ / ♀ ＝ ☉

優しさと豊かな愛情表現、暖かい態度、社交性、芸術への理解、家族への保護感情、結婚の幸福、優しい夫

☽ / ♀ ＝ ☿

恋と愛への憧れ、優しい表現（言葉）、愛について語りたい、表現したい、伝えたい、ラブレター、愛のプレゼント、花束

☽ / ♀ ＝ ♂

強い本能的な情熱、豊かな愛のフィーリング、感情的で情熱的な生き方、趣味や娯楽などの楽しみへの傾斜、異性に対する性衝動、愛の表現、母になりたい望み

☽ / ♀ = ♃

幸福な愛情関係、豊かな愛のフィーリング、誠実な優しさ、笑顔とユーモア、幸運に満ちた愛すべき妻、母としての幸福、芸術的な成功

☽ / ♀ = ♄

愛情表現の欠乏、抑制された感情と情熱、拒絶された愛、不和、病気の女性、愛する人との離別

☽ / ♀ = ♅

激しくロマンチックな性質、突然湧きたつ性的興奮、感じるままに行動する性向、美しいものを手中にしたい衝動、芸術的な独創性、女性の生活の中の突然の経験

☽ / ♀ = ♆

気分に支配される性向、ロマンチックなフィーリング、受け身の愛、外部から影響されがちで簡単に誘惑される傾向、非現実的な愛の夢、間違った愛の表現、愛の不実

☽ / ♀ = ♇

愛を手にしたい強烈な衝動、母になりたい衝動、愛欲の衝動と興奮に身を任せる幸せと危険

☽ / ♀ = DH

人に対する暖かい態度、細やかな思いやりの表現、優しさを切望する、恋しい人と結ばれたい衝動、母とのつながり

☽ / ♀ = Asc

慈愛に満ちた人、優しい振舞い、調和的な性格、愛の接触、愛の幸福、女性との交際

☽ / ♀ = MC

大きな愛の表現力、慈愛に満ちた妻または母、妻や母になる状態、男性のチャートでは女性相手の仕事での成功、または愛すべき妻を得る幸福

第二章　月と金星

月と金星　47

▎原理
心理的興奮

▎性格
+ 素早い決断力、情熱的でストレートな行動力、率直、活発
− エキサイトしやすい、衝動的で性急

▎生物的意味
筋肉運動の反応、感情の反応

▎社会的意味
戦闘意欲に満ちた女性

▎出来事
+ 感情的な高揚を伴う喜び、異性との交流
− 感情の爆発、喧嘩、夫婦の不和

☽ / ♂ = ☉
活気に満ちた人、決断力、行動力、目的達成力、連携の成功、夫婦の強い絆

☽ / ♂ = ☿
鋭敏な神経、瞬時に反応する性質、熱くなりがち、口やかましく批判的、せっかち、短気、神経の緊張

☽ / ♂ = ♀
激しく情熱的な気性、性的情熱、子供が欲しい、母になりたい衝動、芸術的な創造力

☽ / ♂ = ♃
活力に満ちている人、率直な感情の表現、成功した女性、幸福な花嫁

☽ / ♂ = ♄

感情的な抑圧、不平不満を溜めやすい、仕事に対する意欲の欠乏、悩んでいる妻、妻または母との離別

☽ / ♂ = ♅、

衝動的で突然怒り出す傾向、怒りにはすぐ怒りで返す激情、平和をかき乱す言動、性急な判断、女性の人生での突然の経験

☽ / ♂ = ♆

感じやすく不安定、よく考えることなく感情的に行動する傾向、簡単に興奮し簡単に意気消沈する傾向、弱い意志、一貫性の欠如、いらいらした状態、誤った方向へエネルギーを向けやすい、悪い生活習慣、人間関係の不和

☽ / ♂ = ♇

激しく強い感情、熱狂的で過激な傾向、徹底性、不穏性（極端さ）

☽ / ♂ = DH

感情的あるいは精力的な人との関係、女性との交流、女性のメンバーだけでなる組織

☽ / ♂ = Asc

激しい気性、感情的で性急な振舞い、怒りやすさ、即断性、何事にも情熱的に取り組む性向、主導権を取りたい衝動、女性との接触、妻のヒステリー

☽ / ♂ = MC

自分の思いを仕事や生活に反映させようとする強い姿勢、率直な態度、目的に対する熱意のある取り組み

月と木星
☽ / ♃

原理
幸福感、暖かい誠実さ、宗教心

性格
+ 　誠実、寛大、明朗、宗教的倫理観、社会的良心、親切、世話好き
− 　無頓着、怠慢

生物的意味
肝臓や膵臓からの体液、胆のうからの胆汁や消化酵素

社会的意味
幸福な人、陽気な人々、幸運な事業家、女性の公務員、幸福な女性

出来事
+ 　喜び、幸福な人間関係、社会的成功、物質的利益
− 　贅沢や浪費、宗教的・法律的なトラブル

☽ / ♃ ＝ ☉
　　楽天的で明朗、健康、誠実で寛大、人をもてなし共に楽しむ社交性、健全な社会的良識、広い視野と博識、幸福な夫婦関係

☽ / ♃ ＝ ☿
　　楽観的な考え方、暖かさのある態度と言葉使い、広い視野、向学心、良い知的センス、理解力、スピーチ能力による成功、幸福な女性との接触

☽ / ♃ ＝ ♀
　　豊かな感情、優しさと情愛、善意、幸福を分けあおうとする調和的な性質、芸術的センス、芸術的な成功、愛と結婚の幸福

☽ / ♃ = ♂

活力に満ちた心身、健康的な愛の表現、事業の愛好と成功、幸福な妻、女性の成功

☽ / ♃ = ♄

真面目、従順、ときに無気力、晩成タイプ、肝臓や胆のうの病気

☽ / ♃ = ♅

人を引きつける個性的な魅力、豊かな独創性、好奇心、楽観的な態度、事業を愛好、しばしば発作的にはしゃいだり騒いだりする、突然の幸運の体験

☽ / ♃ = ♆

豊かなイマジネーション、芸術的な発想力、他人に対する理解と共鳴、拡大する夢と想像、実現性の低い計画、努力することなしに幸運を期待する性向、浪費や投機による損失

☽ / ♃ = ♇

大きな野心とその成功、財政的な繁栄

☽ / ♃ = DH

広く豊かな人間関係、協力と共同の成功、良い友人と良いパートナー、幸福な女性との交流、幸福な結婚生活

☽ / ♃ = Asc

善良で誠実、良い育ち、親切で思いやりのある物腰、幸福な人間関係、幸福な結婚

☽ / ♃ = MC

社会的成功、良識、信用、人気、慈善、楽観的な人生観、幸福な妻、幸福な母

▍原理
　　セルフコントロール（自制）

▍性格
　　+　感情の自制、思慮深さ、義務感、慎重、真面目、質素、倹約
　　−　気分の落ち込み、憂鬱、人に対して打ち解けない、劣等感、わがまま、不安、自分本位な考え方、不平不満

▍生物的意味
　　分泌液の慢性的失調、粘膜の欠陥、精神的な病気、遺伝性の病気

▍社会的意味
　　孤独な人、孤独な女性、抑圧されている人

▍出来事
　　+　落ち着いた心理状態、義務の履行、安定した身分（立場）、伝統の継承
　　−　気分の落ち込み、体調の乱れ、孤立、家庭的な心配事、女性との不和

　　☽ / ♄ ＝ ☉
　　　意識的な感情の自制、真面目だが自分のことで頭をいっぱいにする傾向、社会のルールを守り規則を遵守する、義務感、孤立感、悲観的な感情、別離

　　☽ / ♄ ＝ ☿
　　　熟考する傾向、慎重、義務感、悲観的な考え方、人との交流に消極的、別離を考える、さよならを言う

　　☽ / ♄ ＝ ♀
　　　気分の落ち込み、愛情表現の抑制、愛の劣等感、孤独感、自分の楽しみを自分から捨てるような行為、愛のわがまま、失望

☽ / ♄ = ♂
感情の抑制、自制する苦しみ、決断力の欠乏、鬱積する不満、女性との別離

☽ / ♄ = ♃
真面目、慎重、謙虚、分別、礼儀正しさ、義務を果たす人、自主性の不足、身の程を知るという一種のあきらめのよさ、独居あるいは静かな生活の幸せ、思いやりのある離別

☽ / ♄ = ♅
ピンと張りつめているような心理的緊張、抑圧とそこから脱するための戦い、突然の精神的な苦痛、別離

☽ / ♄ = ♆
憂鬱、劣等感、自信のなさ、不安感、精神的な疾患

☽ / ♄ = ♇
孤立した野心と孤独感、自分の力だけを頼りに生きて行こうとする姿勢、社会や家庭における抑圧と拘束感、過重な義務、妻または母との離別

☽ / ♄ = DH
人間関係への消極性、人を避ける、打ち解けない、孤独、病気の女性との接触

☽ / ♄ = Asc
暗く悲観的なパーソナリティ、感情の抑圧、孤独、妻の苦悩

☽ / ♄ = MC
自分を律し義務を果たそうとする人、努力と思慮分別、社会的な孤立感、家庭内の困難な事情

月と土星 **53**

月と天王星
☽ / ♅

▌ **原理**
感情的な衝動

▌ **性格**
+ 　目的に対する果断な行動力、発想力、変革力
− 　感情の興奮、早すぎる判断、性急な行為、落ち着きの欠乏、神経の緊張、頑固、熱狂、大げさに考えたり物事を誇張する傾向、大評判を望む

▌ **生物的意味**
体内の分泌のリズム、血圧の乱れ、前立腺の病気、女性の周期（月経）の乱れ

▌ **社会的意味**
落ち着かない人、神経質な女性

▌ **出来事**
+ 　突然の成果、環境改善の実現、
− 　神経の緊張、突然のアクシデント

☽ / ♅ ＝ ☉
感情的な興奮によって激しく動く性向、野心的、強い向上心と目的志向性、プライド、エキセントリックな性向、斬新な発想力、発明性、反抗的な気質

☽ / ♅ ＝ ☿
強い直感力、アイデアのある人、豊かで活発な精神活動、独自の目的、楽しく会話する能力、突然のひらめきと認識、落ち着きがなくせっかち、突然の知らせ

☽ / ♅ ＝ ♀
恋愛の自由志向、奔放な性意識、突然に喜びを見出す才能、芸術的飛躍

☽ / ♅ = ♂

強烈な衝動性、目的に対する強くストレートな接近、危険にひるまない野心、センセーションを期待する、自制心の欠如、過激・性急な行動、発作的に激しく怒り出す傾向、喧嘩、対立、番狂わせ　障害、負傷

☽ / ♅ = ♃

大きな目標と抱負、向上心、健康的な野心、良い直感、幸運な事業運と手腕、投機の成功、突然の大きな喜びの経験

☽ / ♅ = ♄

感情の苦しい自制、ストレス、孤立、自由を求めての孤独な苦闘、人生において突然ダメージを受ける恐れ

☽ / ♅ = ♆

神経過敏、不安定な心、エネルギーの欠乏、弱さ、誤った野心、意気消沈　突然の失望

☽ / ♅ = ♇

強い衝動性、目的意識　徹底性、強い自我（わがまま）、センセーションを渇望する、人生における突然の番狂わせ

☽ / ♅ = DH

人と接触している時の落ち着かない興奮性、野心のある・または神経質な女性との交際

☽ / ♅ = Asc

独創的で魅力的な発想力、しかし感情的で衝動的、落ち着きがなく興奮しやすい、人の心をかき乱すような振舞い、人生における計画の破綻や転覆の経験、精力的で興奮しやすい女性

☽ / ♅ = MC

個性的な方法で成功を築こうとする人、果断な行動力、興奮しやすい性質、社会または家庭における予想外の出来事（突然の成功と失敗、離反）

月と天王星

月と海王星
☽ / ♆

▌ **原理**
　感じやすさ

▌ **性格**
　＋　豊かな感受性、直観力、他人の気持ちに対する同情的な理解力、洗練された感覚的センス
　－　空想、揺れ動く心、自己欺瞞、理論性の欠如、他人から騙されたり利用されたりする傾向

▌ **生物的意味**
　組織の水性分泌物のバランス失調、意識の混乱

▌ **社会的意味**
　感受性の敏感な人、失望した女性

▌ **出来事**
　＋　他人に対する共感的な理解、リラックスした状態（休養）、感情的な感動の喜び
　－　情緒的な不安、優柔不断、弱気、怠惰、無精、他人に騙され利用される恐れ

　☽ / ♆ ＝ ☉
　　強い感受性、空想性、他人に対する優しさと共感性、デリケートで敏感で傷つきやすい性質、理論性の欠如、欺瞞・詐欺にさらされやすい傾向

　☽ / ♆ ＝ ☿
　　感覚や感情・想像に左右される知性、錯覚、知的判断の誤り

　☽ / ♆ ＝ ♀
　　感情が先走る愛、非現実的な愛のプラン、不安定なあるいは弱気な愛情表現、愛の欺瞞と失望、芸術的な楽しみ・娯楽への傾斜

☽ / Ψ＝♂

過敏性、突然怒ったり意気消沈する傾向、不自然な習慣による神経の乱れ、性的エネルギーの欠乏、誤った方向にエネルギーを投入しやすい

☽ / Ψ＝♃

豊かな想像力、大きな希望と夢の拡大、共感的で好意的な同情心による他者への理解、広い受容性、芸術的な成功　楽観過剰　散漫な注意力

☽ / Ψ＝♄

暗くなりがち、抑圧を感じやすい、悲観的、憂鬱、無力感、挫折感

☽ / Ψ＝♅

衝動的で予測できない性向、感情の突然の興奮、根拠のない突然の予感やひらめきによって左右される傾向、奇妙な道楽と耽溺

☽ / Ψ＝♇

強い感受性、他人から簡単に影響を受けたり支配されたりする傾向、情緒的なショック

☽ / Ψ＝ DH

人に対する消極的な態度、交流の中の不信と欺瞞の経験、繊細な女性との交際

☽ / Ψ＝ Asc

感情的・感覚的な性質、優しいが周囲からの影響に左右されやすい、忍耐力と一貫性の欠乏、バイタリティの欠乏、空想しがちで人を見誤りやすい、感傷性、自信の揺らぎ、被害感覚

☽ / Ψ＝ MC

創造力・夢・予感によって導かれる傾向、非現実的な企画、芸術的才能または素質

▎原理
極端な感情

▎性格
+ 　強烈な感情、熱狂性　徹底性
− 　極端な野心、衝動、情緒不安、嫉妬・自惚れから起こる情緒的爆発

▎生物的意味
体液の新陳代謝

▎社会的意味
極端に感情を表現する人

▎出来事
+ 　他人にかまわず自分の選んだ目的を熱狂的に追求する
− 　暴力的な感情の爆発、精神的ショックあるいは情緒的な大変動

☽ / ♇ ＝ ☉
強い感情、自分の目的を完璧にやりぬこうとする意識と努力、強迫観念

☽ / ♇ ＝ ☿
自分のアイデアを熱狂的に追求する、書いたり話したりすることによって他人に影響を及ぼす能力、神経の緊張

☽ / ♇ ＝ ♀
強い愛の衝動、断固とした愛の表現、独占欲、魅惑的な人、母になりたい欲求

☽ / ♇ ＝ ♂
激情的な性質、粗暴な怒りを爆発させやすい、人に対して脅迫や暴力を用いる傾向、目的達成のためには危険を恐れない　喧嘩、傷害

☽ / ♇ = ♃

権力または財力の獲得、他人を魅了する人間的な魅力

☽ / ♇ = ♄

情緒の抑圧と損傷、過重な負担を強いられたり抑圧されたりする経験

☽ / ♇ = ♅

燃焼的な個性、独自の生活スタイル、熱狂性と徹底性、何かしていたい、あるいは何かを破壊したい衝動、度を越すことによる神経の危機、突然の異変・事件

☽ / ♇ = ♆

強い感受性、感情が激しくブレやすい、憂鬱、意志力の欠乏、幻覚

☽ / ♇ = DH

強い自我の主張による交流やチームワークの破綻、分裂

☽ / ♇ = Asc

強い感情的な自己主張、自我、本人の言動が原因となる周囲との混乱

☽ / ♇ = MC

生活の中の強い緊張感、人との調和を無視し我が道を歩く傾向

▌原理
他人との精神のつながり

▌性格
+ 　人に対する情緒的な優しさ、共感、配慮
− 　人に対する神経過敏、適応性の欠乏

▌生物的意味
リンパ腺、脾臓、感染に対する自衛機能

▌社会的意味
女性グループ

▌出来事
+ 　女性との接触と交際・結合
− 　仲たがい、疎遠

☽/DH ＝ ☉
交友関係における情緒的姿勢、多くの関係を持つ傾向、夫婦間の強い結束

☽/DH ＝ ☿
人と交流してアイデアや情報を交換したい望み、女性と会話したい欲求、やや批評的・批判的な傾向

☽/DH ＝ ♀
他人に対する情愛に満ちた表現、人に愛着を持ちやすい、愛の結合、女性との縁、芸術的な人々との接触

☽/DH＝♂

交際や結婚に対する積極的な姿勢、精力的なチームワーク、協力関係の実現、肉体的情熱を基調とする交際

☽/DH＝♃

交際における寛大な姿勢、広い交際範囲、チームワーク、相互信頼の確立、結婚や交際の成功と幸福

☽/DH＝♄

人に対する消極的で冷淡な態度、チームワークの停止、交際の断念、女性との別離

☽/DH＝♅

人前での落ち着きのなさ、変化する交際、他人との突然の経験、突然の結婚または同棲

☽/DH＝♆

交際における神経過敏、欺瞞、不信、見込みのない交際、人に対する失望

☽/DH＝♇

愛する人に魅了される傾向、または支配下に置かれる危険、運命的な（強制された）離別

☽/DH＝Asc

人に対する情緒的で優しい姿勢、人との精神的つながりを大切にする傾向、女性との交流

☽/DH＝MC

社会生活における女性・女性グループとの交流、結婚生活の中の夫と妻の精神的な絆

月とアセンダント ☽/Asc

▌**原理**
　個人的な情緒

▌**性格**
　＋　優しさ、親切、順応性、受容性
　－　気分の変動、過敏性、移り気、気まぐれ

▌**生物的意味**
　体に吸収される液状物質による害、生理的なバランス失調

▌**社会的意味**
　周囲の女性

▌**出来事**
　＋　人との楽しい交流、異性との楽しい接触、趣味や個人的楽しみの増大
　－　女性問題、妻または母との不和

☽/Asc＝☉
　個人的な交流を求める強い気持ち、異性との強いつながり

☽/Asc＝☿
　社交性と順応性、おしゃべりで人を楽しませる能力、他人との情報やアイデアの交換

☽/Asc＝♀
　優しい情感、柔らかい物腰、親和性、愛着を感じやすい（惚れやすい）性質、ロマンチックな情緒、愛の幸福、保護・慈愛しようとする母のような優しさ

☽ /Asc ＝ ♂

素早い決断、情熱的な行動、気分が変化しやすい、短気、異性との衝突、活力溢れる妻

☽ /Asc ＝ ♃

健康、誠実、寛大、楽天性、人に対する調和的姿勢、社交力、善意と親切、社会的な良識と公共性、多くの娯楽と楽しみ、女性との楽しく幸せな接触　幸福な結婚

☽ /Asc ＝ ♄

人との交流の困難と抑圧、気分の落ち込み、不人気、不健康、女性との離別

☽ /Asc ＝ ♅

興奮しやすく落ち着きのない気質、新しいものに対する強い好奇心、衝動的な言動、変化する人間関係、女性に関係する突然の出来事

☽ /Asc ＝ ♆

感情とムードに支配されやすい、すぐ落ち込んだりすぐ感動する傾向、騙されやすい甘さ、迷いやすく不決断、バイタリティの欠乏

☽ /Asc ＝ ♇

人を支配したい衝動、あるいは支配される不運、身勝手で一方的な執着、あるいはその犠牲、自分の願望に対する強い意志と固執

☽ /Asc ＝ DH

異性との個人的関係の欲求、一緒に暮らすことによって得られる密接な一体感

☽ /Asc ＝ MC

心の共感をベースにした人間関係の確立、妻や母あるいは女性との強い関係

▍原理
本人の魂

▍性格
+ 自分の人生の意味の認識、社会や家族に対して貢献したい願い
− 人生の目的に対する迷い、弱さ

▍生物的意味
血液や体液の分配

▍社会的意味
感情的な人々

▍出来事
+ 社会的人気、家庭的幸福、人との魂の結束、異性と魂の結合
− 生活の目的の変化　人との不和

☽/MC ＝ ☉
人生に対する積極的な姿勢、活力、社交性、社会の中で自分の目的を達成したい強い願望、企業精神、母または妻との強い魂の結びつき

☽/MC ＝ ☿
活発な精神活動、忙しく働いていたい気持ち、人との活発な意見・情報交換、知的な仕事での成果、異性との知的な接触

☽/MC ＝ ♀
愛情に満ちている性質、人に対する優しく親愛的な姿勢、社会的人気と愛顧、家庭的幸福、男性のチャートでは女性に関わる仕事での成功、あるいは愛すべき妻との絆、芸術的な感性、成功している女性芸術家

☽/MC＝♂

仕事や目的に対する熱意あふれる行動力、精神至上主義的傾向、絶えず戦い努力していたい渇望、パートナーと強く結束したい欲求

☽/MC＝♃

寛大で誠実、広い人脈、信頼と信用の獲得、人気と支援、健全な野心、経済的繁栄、社会的良識、母または妻との幸福な関係、子供に関する喜び

☽/MC＝♄

真面目だが悲観的、感情的な抑圧とストレスを受けやすい、社会的不人気、孤立、重い責任を負わされがち、大切な人との離別　悲嘆

☽/MC＝♅

独創的発想力、未知なものに対する強い好奇心、目的に対する激しく果断な取り組み、情緒的緊張、衝動、神経質な怒りやすさ　女性との不和、突然母になる

☽/MC＝♆

不安定な情緒、不必要に悩んだり心配したりする傾向、間違った判断、失望、詐欺や嘘にさらされる危険、女性に関するトラブルや悩み

☽/MC＝♇

強い自意識と緊張感、強い願望とストレス、母または妻からの抑圧

☽/MC＝DH

交際における順応性、人の気持ちに対する感応力と共感力、女性との心のつながり

☽/MC＝Asc

周囲の人々に対する情緒的な理解力、自分に求められているものの直観的理解とそれに対する誠実な努力

月とMC　65

▎原理
　　美と知覚

▎性格
　　＋　美的センス、フィーリング溢れる知性、明朗、会話の喜び、楽しみの開発
　　－　虚栄、贅沢、遊びと快楽への傾斜

▎生物的意味
　　分泌腺

▎社会的意味
　　芸術家、美術品・芸術品を売る人　若い人、少年少女

▎出来事
　　＋　趣味や娯楽の喜び、交友の喜び、愛の語らい
　　－　浪費、放蕩

☿ / ♀ ＝ ☉
　　若い感性、おしゃれに対する鋭敏な感覚、美的センス、趣味や娯楽で多くの人々と楽しみを分かちあう性向、社交性、暖かい態度、愛を考える人、豊かな芸術的感性、実用的な芸術の制作、ときに虚栄と自己賛美

☿ / ♀ ＝ ☽
　　豊かで明るい感受性、社交性、人生で多くの喜びを開発していく人、豊かな愛の感覚、正直な愛情表現、芸術的感性、美的センス、知覚力、絵画の才能

☿ / ♀ ＝ ♂
　　活気に満ちた感受性、情熱的でストレートな愛情表現、人とにぎやかに楽しめる天性、実用的な芸術品に対するセンス、創造的エネルギー

☿ / ♀ = ♃

豊かな情感、若々しい感性、優しさ、良いマナー、幸福な愛情関係、溢れるような豊かなアイデア、芸術的感性、宗教芸術への理解、芸術品や宝石などを欲しがる、贅沢をしたい気持ち

☿ / ♀ = ♄

謙虚、愛に対する慎重な態度、愛情表現の自制、自分だけの世界で楽しみたいという気持ち、独居の望み、静かな環境での美術的な楽しみ

☿ / ♀ = ♅

芸術的な発明・発想の才、アイデアを得る能力、改良する力、突然喜びを作り上げる才能、若い人々とのアイデアの交換、強い愛情衝動、魅力的なしぐさ、リズムの感性

☿ / ♀ = ♆

空想と想像、ひらめき、人に対する思いやるある理解、詩・おとぎ話や空想的物語への愛好、快楽に対する耽溺性、意志の弱さ、人に対する不明瞭な態度

☿ / ♀ = ♇

強い美的創造力、激しい情熱的体質、恋に夢中になる傾向、極端な愛

☿ / ♀ = DH

朗らかな社交性、おしゃべりを楽しむ、芸術的な行事や娯楽への嗜好、芸術愛好家との交際

☿ / ♀ = Asc

つき合いのよい人、快い態度、人を楽しませる天分、順応性、若い感性、愛と芸術についての会話を好む、美しく楽しい環境を創造するセンス、若い人々とのと交際

☿ / ♀ = MC

明朗で暖かい社交性、多くの社会的な友情と人気、芸術的な仕事の成功、若い人々や芸術家との交流、幸福な家庭生活

水星と金星　**67**

▍原理
知的闘争力

▍性格
+ 活力に満ちた知性、決断力、判断力、認識力、批評力、技術的技巧力
− 性急、大げさな表現、強情、口論好き、他人のあらさがしをする、利己的に他人のアイデアを利用する

▍生物的意味
運動神経、痙攣性の麻痺、神経過敏

▍社会的意味
批評家、論争する人々

▍出来事
+ 決断力・判断力による成功、知的な収穫と前進
− 論争、性急さによる失敗

☿ / ♂ = ☉
果断な決断力と行動力、断固とした態度、自分の道を切り開いて行く能力、せっかちな傾向、強い論争力

☿ / ♂ = ☽
強い感受性、瞬時にものごとを把握する、意地っ張りで感情的で怒りやすい、怒るとヒステリックになる、性急でせっかち、口やかましい女性、女性が原因の口論

☿ / ♂ = ♀
常に楽しみを追い求めている人、すぐに恋に落ちる傾向、率直でストレートな愛情表現

☿ / ♂ = ♃

建設的な思考力、素早く正確な判断力、自信に溢れた態度、他人を奮い立たせる才能、有能なスピーカー、成功するセールスマン

☿ / ♂ = ♄

深い思考性、集中力、慎重だが鈍い決断力、神経質、他人に対する意地悪な衝動、クールな表現（言葉）、口論が原因の離別

☿ / ♂ = ♅

発明の才、独創的な発想力、技術的才能、興奮した状態での性急な決断、電光石火の行動、自制心の欠如、衝動的な感情の爆発

☿ / ♂ = ♆

非現実的な計画、希望のないプラン、目的を実現するための能力の弱さ、約束を守らない、虚偽によって人を傷つける傾向

☿ / ♂ = ♇

鋭い分析力、他人に容赦のない批判を加える性向、他人からの激しい反撃を受ける危険

☿ / ♂ = DH

人との共同でプランを実現する　熱心な意見交換、ときに論争

☿ / ♂ = Asc

素早い判断と決断力、断固とした意見表明、口うるさく批判的、強い論争力

☿ / ♂ = MC

強い目的意識、即決即断性、戦略的思考、知的能力による社会的成果

水星と火星　69

水星と木星
☿ / ♃

原理
健全な知性

性格
+ 建設的な考え方、豊富なアイデア、適切な判断力、知的向上心、スピーチの天分、健全な常識、楽天性
− 軽薄、気まぐれ、いたずら、ぼんやり、思慮分別の欠如、誇張した表現（はったり）

（注：上記「−」を言葉で言えばこのようになりますが、☿／♃のネガティヴな面は現実ではほとんど害のないものです。「言葉（☿）の拡張（♃）」から拡張癖。ぼんやりしている、は、ぼんやりしていられるという幸運、という見方もできるでしょう）

生物的意味
人体の反射機能

社会的意味
知識人、事業家

出来事
+ 適切な判断による成功、知的収穫、事業の幸運
− 慢心や不注意による失敗

☿ / ♃ ＝ ☉

良い観察力と判断力、広い視野、豊富なアイデア、誠実、良識、寛大、ユーモア、おしゃべり好き、スピーチの能力、知力による職業的成功、信頼と信用の獲得

☿ / ♃ ＝ ☽

優れた判断のセンス、正確に認識する力、豊かな向学心、人と楽しく会話する能力、活発な意見の交換、豊かな良識、穏やかで明朗な態度、人に対する誠実な姿勢、生活をエンジョイする能力、幸運な旅、話好きな元気な女性

☿ / ♃ = ♀

明るく楽しい気質、社交的、おしゃべり好き、いつも何かに夢中になっていたい気持ち、美的センス、芸術への関心、愛や美についての楽しい会話、愛のマナー、愛の幸せ

☿ / ♃ = ♂

正直で率直な気性、自分の意見をはっきりと表明する人、素早い状況把握力、的確な判断力、雄弁、良い批評力、知的向上心、戦略的な思考力、成功的なプラン、討論や会議に成功的

☿ / ♃ = ♄

慎重な姿勢、自制、熟考、十分に準備をしてプランに着手しようとする傾向、他人と距離を置く姿勢、交渉における課題

☿ / ♃ = ♅

新しいことに対する興味、強い好奇心、独創的な思考、科学的発想、素早い理解力、当意即妙の会話力、宣伝活動の成功、優れた技術者

☿ / ♃ = ♆

楽観的な夢想、現実から遊離した計画、他人を間違った方向に導く傾向、努力することなしに幸運を当てにする

☿ / ♃ = ♇

大衆に影響を与える力、雄弁家、知的な分野への強い傾倒

☿ / ♃ = DH

社交性、考えの交換を望む、社会的な娯楽に加わりたい気持ち、チームワークの成功、良い交際と協力関係

☿ / ♃ = Asc

誠実な態度、知的な性質、良い認識力、判断力、豊かな会話力、広い視野と良識、組織する能力、折衝し調整する能力

☿ / ♃ = MC

本人の知的能力による職業的成功、学問好き、豊富なアイデア、巧みなスピーチの才、社会における適切な状況判断と良識

原理
　　メンタルワーク（知的労働）

性格
　　＋　深い思考力、勤勉、忍耐、集中　徹底、几帳面、経験から学ぶ力、組織する能力
　　－　不器用でぎこちない表現、内気、狭量、保守的な姿勢、強情、打ち解けない態度

生物的意味
　　神経組織、言語機能、聴覚機能

社会的意味
　　考える人

出来事
　　＋　勤勉さによって得られる成果、経験から得る知恵
　　－　判断の誤り、神経的疲労、孤立、不和、離別

☿ / ♄ ＝ ☉
　　深く考える人、慎重、自分の考えに固執する、悲観的な考え方、人との交流に消極的、孤立、離別

☿ / ♄ ＝ ☽
　　悲観的な心情、不安感、感情表現の抑圧、傷つきやすさ、別れたいという考えを持っている女性

☿ / ♄ ＝ ♀
　　愛情問題における気難しさ、冷淡な愛の表現、不正直な愛、愛する人との別離

☿ / ♄ = ♂

怒りとストレスの蓄積、人扱いが下手、他人に対する意地悪な態度、議論や口論などが原因の離別

☿ / ♄ = ♃

集中力、深い思考力、徹底、勤勉、経験から学ぶ力、方式の応用、困難な仕事の成功、幸運な別離、さようならを言う喜び

☿ / ♄ = ♅

強い心理的緊張、断固たる決定、我が道を行く傾向、衝動と抑圧の心的矛盾、神経の病気

☿ / ♄ = ♆

心理的不安感、鬱的な状態、現実逃避、実現の見込みがない計画　旅の危険

☿ / ♄ = ♇

自分の考えに対する極端な固執、心理的な緊張感、強迫感

☿ / ♄ = DH

人との連携の中で起きる難しい問題、離反

☿ / ♄ = Asc

内向的な個性、感情表現の自制、深く考える人、集中力、忍耐力、他人に対する気後れ、気難しさ、自分の考えやアイデアに固執する、我が道を行く傾向、別離、悪い知らせ、悲しい認識

☿ / ♄ = MC

自分のアイデアに没頭する傾向、集中力、クールな人生観、自己実現の困難な課題、思考する人、経験者

水星と土星

▌原理
鋭敏な認識力、識別力

▌性格
+ 良い知力、革新的な精神、鋭敏な認識のセンス、独創性、話すことの天分、直観、工業科学や工学に対する才能、エレクトロニクス・数学などの才能、自主独立の精神
- 性急な神経、粗野な率直さ、自己過信　勝手、気まま

▌生物的意味
脊髄の感覚機能、片頭痛

▌社会的意味
数学者、技術者、物理学者

▌出来事
+ 理解と認識の喜び、改革の実現
- 神経疲労、極端な判断、いらだち

☿/♅＝☉
素早い状況把握力、独創力、発明力、改革力、技術的才能、新しい環境への適応力、迅速な行動、気ぜわしく仕事をする傾向、突然の展開

☿/♅＝☽
知的直感力、瞬時にものごとを理解・把握する、豊かな発想力、独創性、興奮しやすい

☿/♅＝♀
豊かな芸術的発想、芸術品に対する鑑賞眼と批評力、人生において多くの知的楽しみを見出せる天分、突然の愛の認識、リズムに乗る能力（踊り・体操・歌など）

♀ / ♅ = ♂

素早い状況把握力と理解力、行動力、自分のアイデアに向かって果断に努力する性向、独創性、技術的な天分、鋭い批評力、しばしば批判的で騒がしい、人生において素早く成功する能力

♀ / ♅ = ♃

溢れるような知的発想、豊かなアイデア、優れた理解力と判断力、先見の明、会話の才、知的分野あるいは技術的分野での成功

♀ / ♅ = ♄

粘り強い思考性、自分アイデアに向かって集中する性質、人生途上にある困難な課題、緊張とストレス、孤立したプラン、他人との離別

♀ / ♅ = ♆

豊かなインスピレーション、感覚的な理解力、しばしば非現実的な発想、神経の疲労

♀ / ♅ = ♇

自分のアイデアに対する熱狂性、強い思考力、不休で学べる知的強靭さ、ときに極端な発想、何かに急かされているかのような強迫的な努力

♀ / ♅ = DH

人との刺激的な影響の交流、知的な情報を好む、人と共同して新しいアイデアを実現しようとする傾向

♀ / ♅ = Asc

発想力と独創力、素早く的確な理解力、科学的・技術的素養、実際的で論理的な原理を適用する人、新しい方法の導入

♀ / ♅ = MC

知的な能力によって成功を築く人生、優れた理解力、知的独創性

▌原理
イマジネーション（想像力）

▌性格
+ 想像力、直観力、人への同情的な理解力
− 間違った判断、混乱した思考、空想、明確さの欠乏、嘘、自己欺瞞、神経過敏

▌生物的意味
感覚力の失調、神経の弱さ

▌社会的意味
感情に支配される人、嘘つき

▌出来事
+ インスピレーションの感知、心安らぐ精神的な経験
− 間違った判断、間違った行動、明確さの欠乏、意識不明、神経麻痺

☿ / ♆ ＝ ☉
豊かな感受性と想像力、敏感な精神性、気分に左右されやすく騙されやすい傾向

☿ / ♆ ＝ ☽
敏感で豊かな感受性、人に対する理解と共鳴、変動する気分、非現実的なプラン、間違った理想、嘘をついてしまう弱さ、あるいは嘘をつかれる危険

☿ / ♆ ＝ ♀
優しい感性（感じ方）、豊かな愛のイマジネーション、繊細な感覚、多くの愛を期待しすぎる傾向、愛情問題における行動力の弱さ、空想性

☿ / Ψ = ♂

強い直観力と想像性、気分に支配されやすい傾向、よく考えずに走り出すことによる失敗、間違ったプラン、欠陥のある企画

☿ / Ψ = ♃

溢れるような想像力、創造性、インスピレーション、広大な夢、感覚的な把握力、論理的な欠陥のある非現実的なプランを考えやすい

☿ / Ψ = ♄

悲観的な見方、神経質、人に対して意地の悪い考えを持ちやすい、利己的な想像

☿ / Ψ = ♅

直観と想像の突然のひらめき、錯覚・思い違いによる失敗、神経系統の痙攣（発作）

☿ / Ψ = ♇

繊細な神経エネルギーの酷使と疲労、強迫感

☿ / Ψ = DH

人と共感を分かちあう、人との交際の中で生まれる不明瞭な要素、虚偽

☿ / Ψ = Asc

感じやすく繊細な性質、情緒的思考、人からの影響を受けやすく人に利用されたり騙されたりする傾向

☿ / Ψ = MC

大きな理想的なビジョンを求める性向、直感的な思考、人に対する共感と理解、誤った目的・非現実的な目標を立てる危険、人生における虚偽や嘘の体験

水星と海王星　77

▌原理
説得力（暗示力）

▌性格
+ 他人に対して強い影響力を発揮する力、説得力、批評力、洞察力、状況の素早い把握力、外交手腕
- 思想の過激性、他人の意見を排除する傾向、何かに急かされているような緊張感、策略をめぐらす傾向

▌生物的意味
神経系統の緊張

▌社会的意味
影響力のあるスピーカー（話し手）

▌出来事
+ 説得力による成功、手腕の発揮
- 精神の酷使、過熱、神経の緊張

☿ / ♇ ＝ ☉
強い説得力、鋭い観察眼と洞察力、戦略的な思考、断固とした思想、徹底性

☿ / ♇ ＝ ☽
強い情念、自分の思いに固執する傾向、情緒的な緊張、他人の心に強い影響を与える力、または他人からの影響に左右される性向

☿ / ♇ ＝ ♀
芸術や愛に対する傾斜、魅力的な愛の表現、魅惑力、愛の技巧（テクニック）、愛の策略

☿ / ♇ = ♂

断固とした意思、困難な仕事を成し遂げる能力、徹底性、他人に対して脅迫を用いる傾向

☿ / ♇ = ♃

強大な説得力、暗示力、一般大衆に影響を与える力、教える力、外交手腕

☿ / ♇ = ♄

心理的緊張と強迫感、神経の酷使と苛立ち、オーバーワーク、孤立的な態度、人を信じない傾向、冷たい言葉、人からの攻撃にさらされる危険、離別

☿ / ♇ = ♅

人に強い暗示を与える力、自分の目的への熱狂的な追求、精神の酷使による神経の緊張

☿ / ♇ = ♆

神経過敏、虚偽、中傷

☿ / ♇ = DH

他人の心を支配したい衝動、説得力、策略性、誰かの代理人として戦う傾向

☿ / ♇ = Asc

周囲の人々に影響を及ぼす能力、支配する力、精神的な緊張

☿ / ♇ = MC

困難な状況を巧みに処理する能力、鋭い観察力と判断力、先見の明

原理
アイデアの交換

性格
+ 社交性、人と思考やアイデア・情報を交換する
− 本心を打ち明けない、打算的な交際、低級な会話

生物的意味
自律神経・随意神経

社会的意味
共通の興味の仲間

出来事
+ 活発な意見交換、人間関係の調整と調停
− 人間関係・交友関係の混乱と離反

☿/DH＝☉
他人との積極的なアイデアの交換、知的な交際、他人との思想の共有

☿/DH＝☽
自分の苦労を聞いてもらいたい気持ち、他人との感情の交流と共感、女性との会話

☿/DH＝♀
社交性、親和性、優しい表現、同じ感情や同じ興味を表現する人々との交流、芸術的興味、愛や恋を語る人

☿/DH ＝ ♂

チームワークへの熱意、団結して勝利を手中にしたい思い、連帯によるプランの実現

☿/DH ＝ ♃

広い人間関係、活発な意見の交流、人に対する適切な対応力、社会的接触の幸運、ビジネスパートナーとしての成功、良い夫婦関係

☿/DH ＝ ♄

他人に対して打ち解けない傾向、慎重な意見表明、人との交流での困難な経験、他人に対してさようならを言いたい気持ち、共通の苦難や悲しみ（人の死など）を通じての交際

☿/DH ＝ ♅

他人からの刺激でアイデアを得る、新しいアイデアによる他人と連携、しばしば変わる考えと人間関係

☿/DH ＝ ♆

人になじめない傾向、適応力の弱さ、人との交際の中での嘘、裏切りと失望

☿/DH ＝ ♇

人の心を支配したい願望、強い暗示力　言葉が命令調になりがち

☿/DH ＝ Asc

人との交流を求める、会話好きで社交的、活発な意見交換と情報交換、相談員、代理人、交渉人、講義する人

☿/DH ＝ MC

社会生活における活発な意見・情報交換、刺激的な交友関係を得る、社会における調整・交渉役としての成功

▌原理
自分の意見

▌性格
+ 自分の考えの表明、アイデア・情報の交換、知的収穫、判断と認識、
− 噂をする、他人のあら探しをする、批判癖

▌生物的意味
感覚器官、視覚、聴覚

▌社会的意味
考える人、話し好きな人

▌出来事
+ ミーティング、アイデアや思考・情報の交換、会合、会議、適切な判断による個人的な目的の達成、学問の進展、知的楽しみ、旅行の幸運
− 誤った判断、誤解する、あるいは誤解される　他人への批判または他人からの批判、神経的な疲労や消耗

☿/Asc ＝☉

会話好き、知識や情報を得ようとする意欲、活発な精神、考えの表明、交渉能力

☿/Asc ＝☽

人との精神的なつながりを求める、おしゃべり好き、感情的・情緒的な会話、しばしば変わる気分、女性との交渉または話し合い

☿/Asc ＝♀

親和的で優しい態度、社交性、親しい仲間たちに個人的な感情を表す、ロマンチックな特性、愛や恋を語る傾向、恋の演出、美や芸術への興味

☿／Asc＝♂

強い気性、強い目的志向性、知的闘争力、興奮するとまくしたてる傾向、鋭角的な言葉、強い批判性、ディスカッションしたい気持ち、熱意を持って自分の意見を表明する、知的な目的への傾倒、向学心

☿／Asc＝♃

豊かな社交性、アイデアや考え方の活発な交換、明朗、誠実、会話の才、教える能力、広い視野、寛大で楽観的、良識、会談や取引に成功的、適切な判断による成功

☿／Asc＝♄

悲観的な思考傾向、人との話し合いに消極的、自分のことで頭をいっぱいにする傾向、自分のプランへの固執と粘り強い取り組み、離別についての話し合い、言語機能・聴覚機能の障害

☿／Asc＝♅

革新的な発想、新しいものに対する好奇心、発明と独創の力、知識への渇望、技術的な才能、斬新な発見の喜びと興奮、突然の問題提起

☿／Asc＝♆

豊かなインスピレーション、情緒的・感情的な考え方、揺れ動く心、スジの通らない話、確認することを怠ることによる失敗、嘘、詐欺、中傷、他人に欺かれる危険

☿／Asc＝♇

他人の心を支配したい欲望、強い暗示力、マジシャン的なテクニック、精神的な緊張、何かにせっつかれているような緊迫感、他人々と激論する傾向

☿／Asc＝DH

他人と交流したい衝動、アイデアの交換をする、世話好き

☿／Asc＝MC

意見を表明する人、知識や情報による社会的成功、交渉能力

水星とMC
☿/MC

▌ **原理**
本人の個人的見解

▌ **性格**
+ 　思考力、判断力、会話力、自分自身の意見の形成、自己認識
− 　思考の放棄、無目的

▌ **生物的意味**
脳の運動神経中枢

▌ **社会的意味**
自分の意見を表明している人々

▌ **出来事**
+ 　職業上の前進と成果・成功、知的判断の成功
− 　仕事上の煩わしい問題

☿/MC＝☉
公明正大な姿勢、活発な知性、人生の目的への明白な理解、職業的人生の成功

☿/MC＝☽
フィーリングによって左右される考え、生活上のさまざまな工夫と創意、女性との会話、意思表示する女性

☿/MC＝♀
社交的、良いマナー、愛や芸術に対する関心、愛と芸術の会話を好む、愛情問題を考える、愛を表明する人

☿/MC ＝♂

ストレートで率直な意思表示、自分の目的への強い意識、決断力、行動力、勝つことへの意欲、戦略、議論、討論

☿/MC ＝♃

優れた知性、豊かな考え、楽天的な見方、会話力、折衝能力、認識力、社会的良識、学問の進歩、知的な力や判断力による人生の成功

☿/MC ＝♄

自分の目的に集中する粘り強さ、熟考性、独居を好む傾向、悲観的な人生観、憂鬱な性向、他人との話し合いに消極的、別離

☿/MC ＝♅

独創性、発明力、技術・工学的な才能、個性的な意見、突然行動を起こす性向

☿/MC ＝♆

非現実的な考え、甘い思考傾向、空想、失望、外部からの刺激や影響を受けやすい

☿/MC ＝♇

熱狂的な野心、他人を思想的に支配したい衝動、優れた演説家

☿/MC ＝ DH

他人に対して自分の考えを伝えたい思い、知的交流の実現

☿/MC ＝ Asc

自分の意見を表明する人、会話によって問題を解決しようとする姿勢、伝える力、教える力、交渉する能力、専門家的な助言を与える人

水星と MC　85

▎原理
愛の衝動、愛の情熱

▎性格
+ 　情熱的な愛、官能性、芸術の創造力、情緒や感情の生き生きした表現
− 　情念の過大な欲求による愛のトラブル、多情、エキサイト、性生活の不和、性的堕落

▎生物的意味
交感および副交感神経組織

▎社会的意味
愛の中にいる人

▎出来事
+ 　愛の高まり、愛の結合、性的喜び、芸術的な楽しみ
− 　性的不一致、性的嫌悪、不貞行為、愛と性に関するトラブル、浪費

♀/♂=☉
活発な性格、楽しむことに貪欲、異性への強い情熱、同棲、結婚、妊娠

♀/♂=☽
強い情緒的な衝動、豊かな愛情表現、早く結婚したい望み、母になりたい衝動

♀/♂=☿
愛の衝動、愛の会話、性的興味、愛のストーリーの作者

♀/♂=♃
幸福な愛情関係、健康的な性関係、性的魅力、豊かな愛と情緒の表現、愛のプレゼント、芸術的な感性　芸術的なもので家を飾る人

♀ / ♂ = ♄

愛情関係の困難、愛の前に横たわる試練、苦悩、愛情表現の不足、愛の気後れ、コンプレックス、失恋、別離

♀ / ♂ = ♅

常識にとらわれない愛のスタイル、情熱的な性的衝動、愛の過激な表現、突然の抑えきれない情念の爆発、革命的な芸術家

♀ / ♂ = ♆

愛情問題の激しい感受性、愛の行為で理性を失う傾向、愛の錯覚、愛の嘘、愛の不実、性的妄想、奇妙な性癖、性的エネルギーの衰弱、性的コンプレックス、性的失望

♀ / ♂ = ♇

強烈な性的パッション、性的魅力、性愛によって相手を支配しようとする衝動、愛に没頭しいている（支配されている）状態、強い生殖力　性暴力

♀ / ♂ = DH

他人に性的ムードを感じさせる人、性的情熱を基調とした交際

♀ / ♂ = Asc

情熱的な個性、生き生きした感情の表現、すぐ恋に落ちる傾向、性的パッション、芸術的嗜好

♀ / ♂ = MC

喜びや快楽の獲得のために情熱的に取り組む人、愛する人との結婚を実現する力、何事にも熱意をもって取り組む姿勢

第二章　金星と火星

金星と火星　**87**

原理
愛の幸福

性格
+ 暖かく誠実な愛情、愛情関係の幸福、社交性、人に対する良いマナー、調和的な態度、社会的良識、人々の中で人気を得る能力、優れた美的感覚
− 慢心、愛情関係の不品行

生物的意味
体内のホルモン機能

社会的意味
婚約した人、芸術家

出来事
+ 人気・支持・好評の獲得、恋に落ちる、婚約・結婚、財政的幸運
− 贅沢、浪費、愛の争い

♀/♃ = ☉
誠実で暖かい心、親切、寛大、ユーモア、健康的な姿、愛の歓びに満ちた人、幸福な男性（花婿）、財政的な幸運

♀/♃ = ☽
気持ちの良い性質、優しく心暖かい態度、育ちの良さ、魅力、愛の幸福、笑顔と歓びに満ちた女性（花嫁または母）、幸運な旅

♀/♃ = ☿
娯楽好き、しばしば騒いだりはしゃいだりする、楽天的、豊かな社交性とユーモアのセンス、暖かい言葉と態度、愛する人との会話・相互理解、信頼と幸福

♀ / ♃ = ♂

豊かな愛情表現、情熱、愛の誠実、愛の幸福、恋のロマンス、誕生

♀ / ♃ = ♄

愛情表現の自制、慎重、真面目な愛情観、貞操、適応性の弱さ、愛のトラブルや離別、愛に関する精神的落ち込み

(注： この＝には難しい問題が存在しています。上記の言葉は♄の意味からくるものですが、たとえば♄が１Ｈのルーラーであった場合は「ASC ルーラーが♀ / ♃を持つ」という形になります。見る視点によってニュアンスが違ってきます。このへんは経験によって判断のバランスを学んでいくことになります)

♀ / ♃ = ♅

強い愛の意識、心から喜びを表現する能力、愛の突然の幸せ、歓びの興奮　恋のドラマチックな展開、人気好評を得る能力、希望の実現、美的創造力　革新的な芸術

♀ / ♃ = ♆

豊かな想像力、ロマンチックな性向、優しさ、同情心、共感能力、芸術的興味、夢想、愛の幸せに安住してしまう性向、愛の中にある嘘、愛の甘え

♀ / ♃ = ♇

他人を魅了する力、愛の獲得、大衆からの大きな人気、財政的成功

♀ / ♃ = DH

人と共に喜びを分かちあう人、誠実で暖かい愛の交流と幸福、私心のない援助、博愛

♀ / ♃ = Asc

暖かい心、誠実、明朗、社交性、愛の幸福

♀ / ♃ = MC

素晴らしくノーブル（高貴）な資質、人に対する暖かい姿勢、私心のない援助、協力の成功、事業の成功、幸福な結婚

金星と木星　89

▌原理
愛の制限、愛の悩み

▌性格
+ 謙虚な愛情表現、愛における義務と責任の認識
− 感情表現の抑圧、感情の萎縮、冷たい心、愛を難しく考える性向、性的欲望の不健康な表現、ジェラシー、愛することの限界を感じる、義務感、愛の離別

▌生物的意味
体内の腺分泌の不調、腺萎縮症、腺肥大、肺気腫、甲状腺腫

▌社会的意味
孤独な人

▌出来事
+ 節度を保つことによる幸福
− 愛情関係の困難と苦悩、愛を失う経験　孤立、孤独

♀ / ♄ = ☉
　　愛の欲求不満、性的表現の抑圧、性衝動の不健康な発散、孤独、不人気、愛を失う経験

♀ / ♄ = ☽
　　感情表現の抑制、満たされない愛による感情的な落ち込み、夫との別居、孤独に生きている女性

♀ / ♄ = ☿
　　悲観的な愛情観、愛の現実の認識、愛の狭量、身勝手な考え、冷たい言葉、別居や別離を考えやすい

♀ / ♄ = ♂

愛の身勝手さ、嫉妬心、愛情問題の口論、別離

♀ / ♄ = ♃

謙虚な愛情観、ひとりでいることの幸せ、幸福な離別

♀ / ♄ = ♅

緊張した愛情関係、自己中心的な愛、不倫、愛の口論、突然の離別

♀ / ♄ = ♆

冷たいハート、不明瞭な態度、愛についての悪い考え、徐々に冷めていく愛着、愛の失望、不信、裏切り、離別

♀ / ♄ = ♇

愛情関係の緊張、愛する人を支配しようとする衝動、独占欲、ジェラシー、愛の破局

♀ / ♄ = DH

愛情関係をつくる意欲の欠如、冷めやすい愛着、愛のわがまま

♀ / ♄ = Asc

自分の感情表現を抑制する傾向、人前に出ることへの気後れ、コンプレックス、孤独を好む、あるいは人から離れたい気持ち

♀ / ♄ = MC

感情や欲望を自制する人、あるいは抑圧される不運、欲求不満、不機嫌、他人と打ち解けない、孤独への傾斜、愛の離別

金星と土星

▍原理
　　愛の激情

▍性格
　　+ 　情熱的な愛情表現、強い愛の衝動、愛の興奮、突然の愛の覚醒、ドラマチックな愛の進行、芸術的なひらめき
　　− 　過激な愛情表現、エキセントリックな衝動、愛のわがまま、奇妙な性癖、むら気、愛の緊張

▍生物的意味
　　性的エネルギーの衝動

▍社会的意味
　　芸術家、愛人

▍出来事
　　+ 　愛の芽生え、ドラマチックな愛の経験、人気、出生、誕生
　　− 　愛のトラブル、浮気、愛の不実

♀ / ♅ ＝ ☉
　　強い愛情表現、ロマンチックな衝動、激しい性的感受性、自由恋愛主義的傾向、性的魅力、芸術的創造力

♀ / ♅ ＝ ☽
　　愛の激しい衝動と興奮、ロマンチックな激情、変わりやすい気分、ダブルスタンダード、突然母になる

♀ / ♅ ＝ ☿
　　好奇心に満ちた活発な性質、ドラマチックな恋愛をしたい願望、自由な愛の形を主張する、芸術的アイデア、他人に興奮するようなアイデアを与える人

♀ / ♅ = ♂

突然の愛の興奮、感覚の刺激に対する瞬時の反応、ロマンチックで強い愛のエネルギー、自分本位で性急な愛、活発な創造力　生殖、誕生

♀ / ♅ = ♃

ドラマチックで豊かな愛情志向、心踊る愛の喜び、愛のプレゼント、魅力的な恋人、芸術的な成功、出生

♀ / ♅ = ♄

愛の表現の自制あるいは抑圧、自己中心的な愛、愛の離別

♀ / ♅ = ♆

愛の奇妙な性癖、ロマンチックな夢、愛における自己コントロールの欠乏、愛の嘘、愛の不実、誘惑されやすい傾向、愛の苦悩と迷い

♀ / ♅ = ♇

強い愛の興奮、盲目の愛、愛の独占欲、突然の愛の喪失

♀ / ♅ = DH

人間関係の中のドラマチックな展開、楽しい交流、突然覚醒する愛の衝動

♀ / ♅ = Asc

ロマンチックで激しい愛の表現、突然の恋、自由恋愛、早まった婚約　独創的な芸術的センス

♀ / ♅ = MC

愛情生活におけるロマンチックな興奮、愛の冒険、異性に対する惚れやすさ、婚約、芸術的創造力とその成功

金星と天王星　93

▌原理
愛のイマジネーション

▌性格
+ 感じやすさ、優しい感性、ロマンチック、美に対する豊かな感受性、芸術と音楽への傾斜
− 夢想性、簡単に影響されやすい、誘惑されやすい、優柔不断、性的な過ち、愛の誤ったセンス、非現実的な愛のプラン、繊細な神経

▌生物的意味
弱い腺機能

▌社会的意味
芸術家、音楽家

▌出来事
+ ロマンチックな愛の思い、芸術的な喜び
− 恋に恋する空想、間違った愛、愛の失望と幻滅、不健康な欲望、怠惰

♀/♆＝☉
ロマンチックな性向、愛の夢想、恋の病、秘密の愛、非現実的な願望、愛を夢見て行動しない傾向、愛の裏切り、不信

♀/♆＝☽
不安的な情緒生活、夢想、他人に簡単に影響される傾向、誘惑されやすい体質、愛の嘘、失恋・失望した女性

♀/♆＝☿
繊細で敏感な感受性、他人に対する同情的な直観、イマジネーションに影響される思考、愛の夢想、非現実的なプラン、芸術的な感受性、詩人

♀ / Ψ = ♂

多情、性的脱線、誤った情熱の方向、実現性のない愛のプラン、愛の不満、感情的な快楽に対する強い志向、耽溺

♀ / Ψ = ♃

豊かなイマジネーション、ロマンチックな空想、人に対する豊かな包容力と慰安力、美や芸術への感受性

♀ / Ψ = ♄

愛の抑圧、コンプレックス、冷淡、愛の欠乏、別離、性病

♀ / Ψ = ♅

愛への強い憧れ、ロマンチックな衝動、落ち着きのない愛、わがままな愛、かりそめの愛、愛の奔放、突然の愛の別れ、衝動的な浪費

♀ / Ψ = ♇

強い愛への憧れ、愛欲の過ち

♀ / Ψ = DH

パートナーとの不和、誤解、不信、失望

♀ / Ψ = Asc

気分に左右される人、あいまいな愛情表現、愛の失望、弱い意志

♀ / Ψ = MC

愛におけるロマンチックな性向、夢想性、愛の約束を忘れる（放棄する）人、愛の失望、社会的な信用の失墜

金星と海王星　95

金星と冥王星
♀ / P

▍**原理**
　愛の熱狂、性的欲望

▍**性格**
　＋　性的情熱、性的魅力、強烈な性的表現、強い生殖能力、特殊な芸術的才能
　−　性的衝動の過激な表現、わいせつ、愛の支配欲

▍**生物的意味**
　卵巣、黄体

▍**社会的意味**
　愛の熱狂者

▍**出来事**
　＋　愛の興奮（激情）
　−　愛のトラブル、性的不和、愛の束縛

　♀ / P ＝ ☉
　　強い愛の衝動、魅力的な人、強い創造力

　♀ / P ＝ ☽
　　激しい情緒生活、強い愛の感情、強い生殖力、魅惑的な女性

　♀ / P ＝ ☿
　　他人を魅了する話術、愛と性に対する強い関心、芸術的才能

　♀ / P ＝ ♂
　　強い官能的な性質、激しい性的情熱、強い性的魅惑力、性の強奪（性暴力）

♀ / ♇ = ♃

豊かな愛情表現、愛の幸福、豊かな性生活、美しいものを創造したい願望、芸術活動の成功

♀ / ♇ = ♄

性的コンプレックス、愛の独占欲、ジェラシー、愛の不道徳、不品行、愛の窒息

♀ / ♇ = ♅

激しく奔放な愛、情熱的な愛の表現、異常な魅惑力、突然の愛の目覚め、愛に関わる異常な経験、芸術の天分

♀ / ♇ = ♆

不安定な情緒、誘惑されたり堕落しやすい傾向、愛の不信

♀ / ♇ = DH

多くの人を魅了する能力、人気、性的魅力

♀ / ♇ = Asc

人に大きな影響を与える性的魅惑力、美貌

♀ / ♇ = MC

他人を魅了することによって有利な地盤を築く人、愛の生活、芸術的創造

金星と冥王星 97

原理
愛の結合

性格
+ 　他人に対する暖かい心、感じの良い親しみのある態度、順応性
− 　わがまま、見栄、過剰な装い、人に対する甘え

生物的意味
腺器官の自律機能

社会的意味
恋人、愛の結合

出来事
+ 　愛の芽生え、愛の幸せ、愛の結合、芸術的な人々との交流
− 　愛のトラブル、不和、甘え

♀/DH ＝ ☉
　優しく親切な態度、愛の交流、芸術的な趣味を基にした交際

♀/DH ＝ ☽
　優しさ、母性的な暖かさ、他人に自分の気持ちを表明する人、他人に暖かい誠実さを求める、女性の友人、女性との接触

♀/DH ＝ ☿
　愛情問題を話したがる傾向、ロマンチックな考え、人との接触と交流を求める、共通の趣味や興味を通じての交際、ラブレターを送る人

♀/DH ＝ ♂
　情熱的、子供を作りたがる、肉感的な喜びを求める傾向

♀/DH＝♃

幸福な人間関係、暖かく寛大な態度、豊かな社交性、ユーモアの交換、良い仲間、発展性のある交流、幸福な愛の結合

♀/DH＝♄

愛の表現の抑制、内気、苦い現実の認識、愛の心配事や困難

♀/DH＝♅

強い愛の感覚、情熱的な愛の表現、魅力的なしぐさ、簡単に惚れたり恋に夢中になる気質、突然の恋の覚醒

♀/DH＝♆

愛の消極性、不明瞭、コンプレックス、充実感や希望のない関係、愛の夢想、かりそめの恍惚、虚偽または失望

♀/DH＝♇

強い愛の情念、愛に支配される人、離れられない結合（腐れ縁）

♀/DH＝Asc

情愛深い個性、思いやりのある暖かい姿勢、愛の幸福

♀/DH＝MC

人との愛情関係で人生を築いていこうとする人、幸福な愛の経験

▍原理
優しさと親和性

▍性格
+ 人に対する調和的な態度、親しみやすさ、美的センス、芸術性
- 贅沢、浪費、甘え、過度な装飾、

▍生物的意味
均整のとれたプロポーション

▍社会的意味
愛のある人々、恋をしている人々

▍出来事
+ 愛の喜び、友人や家族との親睦、娯楽の喜び、環境の美化、和解
- 愛の不和、わがまま、浪費、快楽への傾斜

♀/Asc ＝ ☉
美しい体形、調和的な性質、優美、芸術的センス、相手に好印象を与える能力、愛すべきパートナーとの出会い

♀/Asc ＝ ☽
豊かな愛情表現、母のような優しさ、愛情関係の幸せ、優しい妻あるいは母

♀/Asc ＝ ☿
社交的で愉快な人、愛と美に関した会話を好む、愛の表現をする人

♀/Asc ＝ ♂
強い愛の表現力、性的パッション、人に活力を与える能力

♀/Asc＝♃

溢れるような愛の表現、愛の誠実、暖かい思いやり、寛大な愛、社交性、社会的人気と支持、物質的な繁栄、美と芸術のセンス、豪華な美術品

♀/Asc＝♄

感情の抑制、内気（はにかみ）、孤独を愛する、悲しい愛の経験、不人気、不和、関係の終わり

♀/Asc＝♅

激しい愛の衝動、すぐ恋に落ちる傾向、人を魅了する魅力、快楽や幸福に対する強い傾斜、愛の奔放性、自由恋愛主義者、芸術的な独創力

♀/Asc＝♆

愛の夢想、愛の実現力の弱さ、愛の不品行、偽善、失望

♀/Asc＝♇

強い魅惑力、性的魅力、深い愛の経験、強い愛着　性的な興奮

♀/Asc＝DH

優しさと思いやりの表現、愛のある関係

♀/Asc＝MC

情愛の深い調和的な人、愛のある生活、美的センス、芸術への傾斜、環境の美化

原理
愛情観

性格
+ 愛情深さ、親切、慈悲、親しみある態度、美と芸術のセンス
− うぬぼれ、虚栄、自己賛美

生物的意味
腺の中心、中脳、第三心室、脳下垂体

社会的意味
芸術家

出来事
+ 人間関係の幸福、愛の幸福、人気
− 自賛による他人からの不評

♀/MC ＝ ☉
　人から愛される喜びと幸せ、公明正大な愛の表現、社会的人気の獲得

♀/MC ＝ ☽
　深い愛の感情、心暖かく思いやりのある性質、母性愛、愛される資質、愛に溢れる妻または母

♀/MC ＝ ☿
　社交的で明朗、楽しく会話するセンス、優れた調停・調整能力、多くの友人・社会的なコネクション、美や芸術に対するセンス

♀/MC＝♂

情熱的、人との協力・共同によって目的を達成しようとする、強い愛の情熱、喜びや娯楽の開発

♀/MC＝♃

フィーリングの豊かな愛の表現、溢れる愛、健康的な愛の態度、人からの愛情と支持を集める能力、幸福で人気のある人

♀/MC＝♄

愛の抑制、愛の不満足、年と共に孤独性を増す傾向、不和、離別

♀/MC＝♅

強い愛の衝動性、突然の愛の覚醒と興奮、愛の冒険、独創的な芸術的センス

♀/MC＝♆

愛の夢想、愛の信頼関係を築く能力の不足、愛のついての奇妙な嫌悪感、愛の不満、失望

♀/MC＝♇

強い魅惑力、愛する人を支配いたい願望

♀/MC＝DH

人に対する親愛の表現、愛の深い絆

♀/MC＝Asc

多くの人々と親和しながら人生を築いていこうとする人、調和的な性質、愛すべき人との出会い、結婚の幸福

▍原理
創造的活動の成功

▍性格
+ 決断力、活動力、あらゆる事態に対処する力、精力的、率直な意思表示、誇り高く名誉を重んじる、生活をエンジョイする、創造力、組織力、経営力、所得力
− ほら吹き、性急、自信過剰

▍生物的意味
器官の活発な活動、強い筋肉組織

▍社会的意味
成功している事業家、マネージャー、ディレクター、法律家

▍出来事
+ 職業上の成功、協定、契約、婚約、結婚、誕生、争いごとの解決、幸運な決定
− 自信過剰、やりすぎ

♂ / ♃ ＝ ☉
健康的な体質、豊かなバイタリティ、名誉を重んじる誇り高い性質、決断力、行動力、創造力、事業の愛好と成功、組織的才能、婚約、結婚、誕生

♂ / ♃ ＝ ☽
楽観的で快活な気性、正確なセンス、幸運に恵まれる人生、女性事業家、健康的な妻、誕生

♂ / ♃ ＝ ☿
的確な判断力、知的向上心、先見の明、難しい問題を適切に処理する能力、企画・組織する才能、積極的な考え方、計画の実現

♂ / ♃ = ♀

豊かな愛のパッション、元気で楽しい性質、生活をエンジョイする力、幸福な異性関係、子供を欲しがる、創造的な芸術活動

♂ / ♃ = ♄

粘り強い性質、自分の努力で立ち上がろうとする姿勢、目的達成の前に立ちふさがる難題、追いつめられる経験、好機を逃しがちな傾向、困難な誕生（難産）

♂ / ♃ = ♅

独立と自由を望む、果断な決断力と実行力、豊かなアイデアと発想力、独創性、指導に対する反発と抵抗　強い目的志向性、不休で働き続ける力

♂ / ♃ = ♆

豊かな想像力、気持ちだけが先行する実現性の低い計画（欠陥のあるプラン）

♂ / ♃ = ♇

強烈な野心、創造力、疲れを知らない仕事ぶり、成功と支配の獲得

♂ / ♃ = DH

チームワークによる成功、幸運な結合、婚約

♂ / ♃ = Asc

活力溢れる個性、行動力、自信、勇気、あらゆる課題と問題に対する対処力、プランを実現する能力、組織力、他人と共に楽しく働く能力、婚約、結婚、誕生

♂ / ♃ = MC

活力、野心、事業を愛好する性向、有利な契約を勝ち取る能力、創造的活動の成功、共同と連携の成功、結婚の幸運

▌原理
有害なエネルギー、抑制されたバイタリティ

▌性格
　　＋　忍耐力、抵抗力、不撓不屈
　　－　困難、厳しさ、わがまま、頑固、冷淡、負傷したり傷めたりする傾向

▌生物的意味
骨形成のプロセス、関節、腱が骨につながる部分、骨または骨の髄の炎症、筋肉の委縮、器官の麻痺または萎縮

▌社会的意味
肉体労働者、厳しい状況にいる人々

▌出来事
　　＋　忍耐力の発揮、困難な状況に立ち向かおうとする
　　－　困難と試練、危機感、論争、別離、病気、死活問題

♂ / ♄ ＝ ☉
危機感、弱いバイタリティ、乗り越えることが難しいさまざまな社会的難題、男性の死または病気

♂ / ♄ ＝ ☽
意気消沈や憂鬱、勇敢さの欠如、女性の病気または死

♂ / ♄ ＝ ☿
悲観的な考え方、有害なプラン、別離の考え、病気、悪い知らせ

♂ / ♄ ＝ ♀
冷淡、わがまま、愛の表現の欠乏、病気、別離　女性の死（女性を失う）

♂ / ♄ = ♃

特別な目的だけにエネルギーを集中する傾向、困難な問題を克服する強靭な力、徹底してやり抜く気性、幸運な別離、即死（楽な死）

♂ / ♄ = ♅

頑強な抵抗力、挑発を受けて立つ力、挑発する性向、凶暴で有害な力の発揮、破壊したい衝動、突然の病気、事故、別離

♂ / ♄ = ♆

弱いバイタリティー、自分を苦しめる傾向、アルコールに酔うことによる害と失敗、有害な目的、虚偽、錯覚、損失、筋肉の弱化　伝染病、謎めいた死

♂ / ♄ = ♇

粗暴、破壊的激しさ、冷血、徹底性、身体上の激しい痛み、負傷、死

♂ / ♄ = DH

困難な人間関係、虚弱な人・困難な状況にいる人との交流

♂ / ♄ = Asc

厳しく冷淡な気質、困難と試練、危機感、生活のために耐えて奮闘しなくてはならない事情、孤立無援、他人との軋轢、病気、別離　愛する人を失う悲嘆

♂ / ♄ = MC

忍耐力、抵抗力、不撓不屈、人生途上の多くの困難、愛する人を失う経験、死

▌原理
急激なエネルギー、手術

▌性格
+ ファイティングスピリット、断固とした決意、素早い対応力、何かを作り上げたり破壊したりする能力、技術やテクニックの才、自由と独立への志向、困難に屈しない強靭さ
− 性急、わがまま、強情、粗野な率直さ、情緒的な緊張、早まった行動、事故や傷害を引き起こす傾向

▌生物的意味
生理的活動のリズム、心臓の働き、外科手術、血液の損失、傷跡

▌社会的意味
粗暴な人、革命家、技術者

▌出来事
+ 果敢な行動による目的の達成、技術的な成功
− 性急な行動による危険と損害、事故、負傷、手術

♂ / ♅ ＝ ☉
断固とした態度、疲れを知らないタフネス、突如の事態に素早く対処する能力、技術的な才能、構想力、騒がしく落ち着かない傾向、傷害、事故、手術

♂ / ♅ ＝ ☽
フィーリングに支配される激しい感受性、ヒステリー、野心的な願望、突然の事件、出産時の危険、女性に起こる事故や傷害

♂ / ♅ = ☿

自主独立を求める、知的闘争力、独創性、テクニシャン、計算通りに成功させる力、詳細に考案された目的の達成、負傷、神経の緊張

♂ / ♅ = ♀

強烈な情熱、興奮性、愛を押しつける傾向、快楽への傾斜、芸術的発想、女性の器官に入る外科処置

♂ / ♅ = ♃

正確な状況把握とタイムリーな行動力、強い競争力、優秀な技術力、成功する手術

♂ / ♅ = ♄

有害なエネルギーの形成、失敗と損害、暴力、事故、重傷、手術、別離

♂ / ♅ = ♆

狡猾、虚偽、悪い目的、心身の酷使、卒倒と気絶、興奮と逆上、自動車事故

♂ / ♅ = ♇

ふとうふくつ
不撓不屈、徹底性、タフネス、暴力、破壊、事故、重傷、手術

♂ / ♅ = DH

人間関係における激しい情動、口論、他人と共にハプニングを経験する

♂ / ♅ = Asc

技術的な能力、性急で興奮しやすい人、頑固、人生上の突然の出来事、喧嘩、事故、負傷

♂ / ♅ = MC

自主独立主義者、断固たる姿勢、性急な言動、人の頭にピストルをつきつけるような傾向、負傷、事故、手術

▍原理
感じやすさ、興奮性

▍性格
+ 　直観的把握の力
− 　行動力の欠乏、希望の先走り、誤った方向へ導かれるエネルギー、憂鬱、不平不満、劣等感、他人を傷つけたい気持ち、身体エネルギーの酷使と疲労

▍生物的意味
無気力、筋肉の麻痺・衰弱、病気に感染しやすい生理

▍社会的意味
病人、薬を渇望している人

▍出来事
+ 　タイムリーなインスピレーション
− 　無計画、エネルギー不足が原因する失敗、傷つけられたり利用されたり偽られたりする危険、頑固（狂信的な幻覚に支配されるところの強情さ）

♂／Ψ＝☉
　意志力の弱さ、弱い身体、バイタリティの弱さ、欲求不満、八つ当たりする傾向

♂／Ψ＝☽
　神経質な感受性、神経の弱さ、もろさ、劣等感、感染の危険、弱い女性、生理の乱れ

♂／Ψ＝☿
　思慮のなさ、神経の弱さ、神経過敏、実現性のないプラン

♂ / Ψ＝♀

愛の悪いアイデア、奇妙な性癖、快楽への耽溺、性的倒錯、性感染症

♂ / Ψ＝♃

豊かな想像力、インスピレーション、夢見る傾向、敏感な知覚、不用意、誤った楽観、人生において幸運と失望が幾度も変転する不安定な傾向、肺の病

♂ / Ψ＝♄

戦う力の弱さ、意志の弱さ、劣等感、不運、悪いタイミング、慢性的な弱さと疾患

♂ / Ψ＝♅

弱さの突然の発現、無思慮で痙攣的な衝動、失敗と損害、アクシデント

♂ / Ψ＝♇

他人からダメージを受ける危険、重篤な疾患

♂ / Ψ＝ DH

人間関係の中の信頼性の欠乏、消極的な姿勢、弱い人または病気の人との交流

♂ / Ψ＝ Asc

感情的になりやすい弱い人、バイタリティの欠乏、不健康な生活習慣

♂ / Ψ＝ MC

情緒的、エネルギーの欠乏、劣等感、人生の目的が立てられない傾向、弱い状態、病気

原理
暴力

性格
+ 非凡な力、強力な自信、全く壊されない信念
− 人に対する無情さ、粗暴残酷、脅迫・暴力の行使

生物的意味
人体機能の人工代用品(義手・義足など)

社会的意味
重労働を請負う人、暴力を行使する人

出来事
+ 断固とした意志による成功
− 野蛮または残忍な方法でことを進める傾向、暴行を受ける不運、事故、災難

♂/♇=☉
強い意志、完全に倒れるまで働く能力、激烈な手段、事故、暴力

♂/♇=☽
大胆不敵、衝動的、過激な企て、無情、断固とした不屈の女性

♂/♇=☿
計画を実現したい熱望、策略家、神経の酷使、命令を下したい衝動

♂/♇=♀
情熱的な性向、性的魅力、男性のチャートでは性暴力の衝動

♂ / ♇ = ♃

強大な野心、豊富なエネルギー、競争に勝つ天性、財力・権力の獲得

♂ / ♇ = ♄

非情、目的達成のためにあらゆる犠牲をはらう人、人生に立ちふさがる宿命的な困難と試練、他人からの抑圧と拘束、暴力的な事故や厳しい疾患

♂ / ♇ = ♅

極端で異常な性向、非情、暴力的な衝動、人生で起きる突発的な災難や惨事

♂ / ♇ = ♆

無情な無頓着、ずるさ、人を騙したり陰から人を傷つける傾向、水やアルコールに起因する災難

♂ / ♇ = DH

記録達成のための他人との連携、他人に脅迫的な命令を下す傾向

♂ / ♇ = Asc

大胆不敵、向こう見ず、危険に臆さない、暴力的で非情、喧嘩、事故、負傷

♂ / ♇ = MC

目的達成のための異常な能力の発揮、自信、野心、敵を打ち負かす力、あるいは圧倒的な勢力に攻撃される危険

火星と冥王星

火星とドラゴンヘッド ♂/DH

▍原理
チームワーク

▍性格
+ 人と協力したい欲求、強い仲間意識
− 対立、口論

▍生物的意味
性ホルモン

▍社会的意味
共通の目的を持った人々

▍出来事
+ チームワークの成功、勝利、共同で得た果実の分配
− 喧嘩・口論、交際の中断

♂/DH＝☉
一緒に汗をかきたい願望、強い同志愛、強いチームワーク、男女の結合

♂/DH＝☽
感情の率直な表現、共鳴し励ましあえる関係を作ろうとする、女性メンバーだけの団体や組織

♂/DH＝☿
共同して何かを達成したい願望、共同のプラン、仲間同士での話し合いを設定・促進する人、活発な議論、ときに衝突

♂/DH＝♀
元気で心温まるチームワークを作ろうとする人、異性との愛の芽生え

♂/DH = ♃

広い社交性、人と共に陽気に騒ぎ楽しみを分ちあう傾向、良いチームワーク、共同の成功、幸福な結婚

♂/DH = ♄

自制、他人に対して心を開かない、チームワークの中のいさかい、トラブル、時と共に不利な状況に追い込まれる傾向、別離

♂/DH = ♅

組織的な活動や仕事に対する積極的な関与と協力、人との交流で起きるさまざまな経験、突然の結合や突然の離反、予期しなかった驚きや出来事

♂/DH = ♆

他人との交際中における反社会的な行為、虚偽、失望、人間関係の衰えと不評

♂/DH = ♇

連携による記録的成果の達成、仲間やパートナーとの間で起こる暴力的な問題

♂/DH = Asc

仲間と共に分かち合う明確な目標、精力的で力強い協力関係、性的な結合

♂/DH = MC

社会的結束、共通の目標、良い相棒を得る、結婚

原理
ファイティングスピリット

性格
+ 活動力、決断力、勇気、リーダーシップ、人に自分の意思を通じさせる力
− 闘争的で攻撃的、喧嘩好き、粗暴になりがち

生物的意味
外科的な手術

社会的意味
勇敢な人、乱暴な人間

出来事
+ 勝利、成功の獲得、チームワークの成功
− 失敗、対立、喧嘩、負傷

♂/Asc＝☉
勇敢、豊かな活力、健康（強健）、熱意、決断力、行動力、リーダーシップ、好戦性

♂/Asc＝☽
活気のある気性、勇敢で率直、すぐ熱くなり興奮する傾向、挑発的な態度、勇敢な女性

♂/Asc＝☿
熱意を持って自分の意見を表明する人、知的向上心、知的闘争力、シャープな舌（言葉）、議論好き　鋭い批評力、しばしば批判的

♂/Asc＝♀

情熱的でストレートな感情表現、性的パッション、愛の戦いに燃える気性、芸術や快楽への傾斜

♂/Asc＝♃

活力あふれる個性、健康的で正々堂々とした態度、人生で成功するための条件を備えている人、リーダーシップ、あらゆる問題を素早く的確に処理する力、結婚の成功

♂/Asc＝♄

自分を抑制する人、自分の可能性を発展させることの困難、挫折、悩み、不安、災難

♂/Asc＝♅

突発的で激しい衝動、何かを作り変えたり破壊したい衝動、目的達成のために暴力的言動を用いる傾向、口論、人騒がせ、性急さによる失敗、突然の出来事や事件、事故と負傷、手術

♂/Asc＝♆

エネルギーの欠乏、あるいはエネルギーの誤用、他人を裏切る、あるいは裏切られる経験、人生における安定した地位を維持することの困難

♂/Asc＝♇

激烈、暴力、粗暴、喧嘩、議論、人を支配したい・敵を打ち負かしたい衝動、公権力からの制裁（逮捕、告訴　など）

♂/Asc＝DH

強い結束力、チームワーク、人をリードする才能、異性に対する強い意識

♂/Asc＝MC

職業的な成功を勝ち取る人、強い目的意識、決断力、エネルギッシュな行動力

火星とアセンダント　**117**

▎原理
社会的エネルギー

▎性格
　　＋　決断力、行動力、人生における目的意識、成功する力、組織力
　　－　興奮、早まった行動

▎生物的意味
随意筋の機能、体熱の調整機能

▎社会的意味
指導的立場にある人

▎出来事
　　＋　目的の達成、成功、職業上の昇進
　　－　早まった行動による失敗や損害、喧嘩、口論

♂/MC＝☉
活力とエネルギー、達成力、強い意志、プライド、指導的地位の獲得、成功的な人生

♂/MC＝☽
強い上昇志向、活気に満ちた気質、勘のいい人、常に忙しく動いている、女性実業家

♂/MC＝☿
知的戦略家、知的戦闘力、自分の狙いを明白に意識する人、言葉と知識・情報の有効活用、組織する力、指示・命令を下す人

♂/MC = ♀

人との協力で人生を切り開いていく人、元気で陽気、酒席を楽しむ人、娯楽的な
仕事の成功

♂/MC = ♃

優れた組織者、先見の明、人生における明確な目的意識、事業や冒険に幸運な人、
どんな困難にも楽しみながらチャレンジする性向、婚約、結婚の喜び

♂/MC = ♄

成功の遅延、困難と抑圧の経験、真面目だが自分の努力にこだわる結果として引
き際を逸する傾向、不利益と損害、失敗

♂/MC = ♅

闘魂溢れた気質、目的達成への果敢な行動、危険を恐れない、しばしば強引にこ
とを進めすぎる傾向、技術的な才

♂/MC = ♆

バイタリティの欠乏、間違った計画を立てやすい、冷静さを失うことによる失敗
と不面目

♂/MC = ♇

強烈な野心と熱意、勝利とリーダーシップの実現にむけて徹底してやり抜く人
非情、部下に対して過酷な欲求を強いるリーダー

♂/MC = DH

人との連帯によって共通の目的を達成したい願望、リーダーシップを取りたい望
み

♂/MC = Asc

活力のある気質、目的に向かって迷わず走る人、リーダーシップの獲得、成功と
勝利の達成

火星と MC　119

▌原理
忍耐による前進

▌性格
+ 　我慢強さ、勤勉、目的意識、義務を果たす人、冷静な分別、経験に学ぶ力
− 　情緒的な緊張と抑圧、不平不満の蓄積、自信の欠乏

▌生物的意味
慢性病、胆のうと肝臓の機能

▌社会的意味
学者、聖職者　行政機関公務員

▌出来事
+ 　目的への忍耐強い取り組み、受け継いだものを発展させる、ひとりでいることの幸福
− 　望んでいない環境の変化、くやしさ、迷惑、厄介な悩み

♃／♄＝☉
落ち着いた人、独身や独居への志向、ひとりをエンジョイする能力、経験から学ぶ力、しばしば不機嫌になったり不活発になる

♃／♄＝☽
静かで深い心的経験、時を待つ心理、気分の周期的変動

♃／♄＝☿
経験から学ぶ力、向学心、楽観と悲観の交差、人生観の変化

♃ / ♄ = ♀

自分の家や家族への愛、慎重な愛情表現、忍耐によって愛の試練に打ち勝とうと
する人、人生における愛情観の変化

♃ / ♄ = ♂

長期的視点に立って戦おうとする人、楽観と悲観の交差、不満、生活環境を変え
たい衝動

♃ / ♄ = ♅

情緒的緊張、たびたび変わる気分、人生における突然の厄介な問題、住居または
職業の変化、ビルディングのダメージ、モーターの停止、自動車の故障

♃ / ♄ = ♆

無気力な感情、人の幸福をねたむ傾向、孤独、希望のない仕事、損失、水分によ
る建物へのダメージ

♃ / ♄ = ♇

困難やトラブルに耐えて粘り強く頑張る人、人生途上で起きる不可避的な変動

♃ / ♄ = DH

人との交流の中で経験する喜びと不和、ときに交際を終わらせたい衝動

♃ / ♄ = Asc

落ち着いた個性、粘り強さ、実年令より老けて見られがち、独居を好む、不器用、
年長者との交流を好む傾向

♃ / ♄ = MC

忍耐強く自分の目的に取り組む性向、年令を増すにしたがってしだいに向上して
いく人生　人生前半期は不可避的な変化変動に苦闘を強いられる

木星と天王星 ♃ / ♅

▍原理
ラッキーチャンス

▍性格
+ 良い直観、豊富なアイデア、理解力、素早い状況把握、先見の明、予感の的中力、理想を実現する力、経営センス、知的で革新的な思想
− 自分勝手、誇張癖、慢心、気まぐれ、人生観や宗教に関する衝突

▍生物的意味
器官のリズム、腸の蠕動（ぜんどう）、痙攣性の発作や病気

▍社会的意味
オーガナイザー（組織者）、学者、発明家

▍出来事
+ 人生における幸運な変化、突然の成功、投機の成功
− 人生観・法律・宗教などに関する口論

♃ / ♅ = ☉

活力に溢れた性質、的確な状況把握力、決断力、先見の明、独創性、発明力、機敏に動く体、組織の中で手腕を発揮する能力、成功的な人生、愛情関係の幸福、幸運な夫

♃ / ♅ = ☽

豊かで正確な直感力、人生で多くの喜びを作り出す天分、幸運な女性　幸運な妻あるいは母

♃ / ♅ = ☿

豊かな思考力、判断力、知的好奇心、知識とデータの蓄積、広い思考と大きなアイデア、当意即妙の会話力、新しい状況への素早い反応、常に新たな開発を進める、幸運な職業運

♃ / ♅ = ♀

魅力溢れる人、愛する人と共に楽しみたい強い願望、寛大で明るさに満ちた表情、強いロマンチック性、恋をしやすい体質、ドラマチックな恋の展開、愛の幸福、芸術的な直感、突然の婚約、誕生

♃ / ♅ = ♂

素早い状況把握力、自分のアイデアをすぐに実行したい衝動、事業の成功、強い競争力、投機の成功

♃ / ♅ = ♄

自己流の頑固さ、視野が狭くなりがち、目的達成前に突然の試練・困難が起こる傾向、構造的な問題の出現、損失

♃ / ♅ = ♆

社会規範に反する企て、思慮や先見性の欠如、楽観癖、失敗と失望

♃ / ♅ = ♇

知識を力と考える人、目的の自覚と巨大な努力、創造的活動、先見の明、成功の達成

♃ / ♅ = DH

人前における希望に満ちた振舞い、人と共に喜びを分かちあう能力、幸運な出会い

♃ / ♅ = Asc

活力に満ちた個性、自分に有利な状況を形成する能力、成功的な資質、楽しげで魅力的な人、パートナーと共に分かちあう幸運

♃ / ♅ = MC

専門的な知識や技能で人生の成功を築いていく人、良い理解力、明るい楽天的な姿勢、職業的な成功の達成、人生における突然の幸運の経験

木星と天王星　123

▎原理
幸運への期待、夢想

▎性格
+ 豊かな情緒、豊かな感受性、活発な想像力、理想主義、芸術・音楽の才、愛を求めている人に愛を与える力
− 夢想、空想癖、甘い現実認識（楽観過剰）、度を越しがちな寛大さ（気前が良すぎる）、投機（ギャンブル）や浪費への傾斜

▎生物的意味
体の器官の失調、萎縮症、溶血、誤診

▎社会的意味
夢想家、投機家

▎出来事
+ 夢への期待、芸術的な喜び、努力なしの幸運
− 投機的な失敗、浪費、快楽を求めることが原因で起きる失敗やトラブル

♃ / ♆ ＝ ☉
自制心の欠乏、無頓着、過度の楽天性、夢想性、投機に走る傾向、騙されやすい甘さ

♃ / ♆ ＝ ☽
豊かな感受性、大きな夢を見る性向、人に対する暖かい思いやり、包容力と慰安力、ロマンチックな想像力、現実センスの欠乏、情緒的で甘い考え、夢の中で自分を見失う傾向、投機への傾斜、浪費、計画の中断

♃ / ♆ = ☿

活発な想像力、インスピレーション、夢と希望についての楽しげなおしゃべり、ゴシップ話を好む、幸運を考える、クジや投機的利益を狙う傾向、考えに甘さがあり現実的な欠陥のあるプランを立てやすい

♃ / ♆ = ♀

ロマンチックな性質、愛の夢、愛の歌、愛の詩を好む、愛における楽天性、空想性、溺愛、心酔性、快楽のために浪費をする人、芸術的なセンス、芸術的才能

♃ / ♆ = ♂

自分の夢に走る人、甘い見通しの欠陥のあるプランを立てやすい、投機に走りがち、周囲に迷惑をかけても無頓着な人

♃ / ♆ = ♄

誤った希望による失敗。無に帰すプラン、損失、失望、大きな損失を味わったあとから自分の甘さを痛感する性向

♃ / ♆ = ♅

自分の夢や企てに対する激しい衝動、一時的な成功のあとに来る転覆、強制的に夢から覚めさせられる経験

♃ / ♆ = ♇

度を超えた無謀な思惑、投機、一時的成功の後に来る致命的な大損害

♃ / ♆ = DH

簡単に相手を信じたり共感の情を示す傾向、交際上の偽りの楽しさ、誤った希望を抱きやすい、信用できない人間との交流

♃ / ♆ = Asc

巨大な想像力、優しさと包容力、他人と一緒になって大きな希望を分ちあおうとする人、射幸心、甘い認識が伴う楽天性、非現実的な夢、投機に走りやすい

♃ / ♆ = MC

夢想家、投機家、慈善家、浪費家、甘い認識による損害　芸術的な仕事での成功

木星と冥王星　♃ / ♇

原理
権力、財力

性格
+ 　力強い奮闘、大衆をリードしたい望み、組織づくりの才能、精神的な指導性
− 　大衆を利己的に利用しようとする

生物的意味
器官の再生、輸血

社会的意味
富豪、大きなプロジェクトを扱うオーガナイザー（組織者）、経済学者、法律学者

出来事
+ 　大きな利益や成功の獲得、リーダーシップの実現
− 　社会的地位や富を失う、権力の執行者（行政官）との衝突

♃ / ♇ ＝ ☉
非凡な体力と精神力、魅力的な個性によって人の心に強い影響を与える人　権力あるいは財力の獲得

♃ / ♇ ＝ ☽
豊かな情感、魅力的な気質、大きな希望を持つ成功的な人、他人に影響を与える力、権力あるいは財力をもつ女性

♃ / ♇ ＝ ☿
強い暗示力、話すことで多くの人々に影響を与える力、洞察力、説得力

♃ / ♇ = ♀

豊かで強い愛情、大きな創造力、異常な人気を集める魅力的な人、多くの人に慈愛を与える性質、財政的成功、高価な美術品

♃ / ♇ = ♂

健全な野心家、強い目的志向性と強力なエネルギー、他人を奮い立たせる能力、リーダーシップ、組織的才能、成功する取引、大きな経済的勝利、優れたスポーツマン（競技者）

♃ / ♇ = ♄

自分自身の開発や発展を抑制、人生後半期における挽回への奮闘

（注：この＝も意味の定義が非常に難しいコンビネーションです。今後の研究課題になります）

♃ / ♇ = ♅

進歩発展のための熱狂的な努力、あらゆる状況を的確に利用する、突然の改革、速い開発（発展）、新たな環境に対する適応

♃ / ♇ = ♆

遠大な夢と構想、企画倒れ、人をそそのかす傾向、水に関わる仕事の成功、芸術家、俳優

♃ / ♇ = DH

連携して巨大な目的を達成しよとする試み、一般大衆との関係、政治的活動、共同と分配の成功、広範な交際

♃ / ♇ = Asc

魅力的な個性、権力あるいは財力の獲得、先見の明、組織的才能

♃ / ♇ = MC

大いなる野心、権力または財力の掌握、職業上の優位な立場、進歩発展、昇進、優秀なマネージャー、スポンサー

原理
良い人間関係

性格
+ 　社交性、調和的な人間関係、適応性、人をそらさない機転　良い仲間または同志
− 　自分の利益を計算する傾向

生物的意味
生体組織内におけるエネルギーの流れ

社会的意味
人々の共同体　共通の趣味の団体

出来事
+ 　幸福な交際に入る、婚約・結婚する、共同で利益を得る
− 　交際上の不和

♃/DH＝☉
　誠実な人間関係、広い交流、夫との幸福な結びつき

♃/DH＝☽
　心が暖かくなる関係、精神的な理解の交換、妻との幸福な結びつき

♃/DH＝☿
　社交性、人と考えや情報の交換をする、団体や人々の結びつきのための調整役を担う

♃/DH＝♀
　豊かな人間関係、人前での楽しげで親しみある振舞い、人気、好評、愛の結合

♃ /DH = ♂

　　成功するチームワーク、良い仲間、幸せな肉体的結合、婚約、生殖

♃ /DH = ♄

　　ひとりでいることの幸福感、交流に消極的、時の経過と共に困難になるチームワーク、婚約や結婚に伴う困難、交際の終わり

♃ /DH = ♅

　　人と新鮮な経験を分かちあう、突然の新メンバー、しばしば変わる人間関係

♃ /DH = ♆

　　共同体における情緒的な抑圧、遠慮、優柔不断、嘘をつく、あるいは嘘をつかれる経験、芸術的な人あるいは芸術家との交流

♃ /DH = ♇

　　多くの人々と友好関係を築きたい強い願望

♃ /DH = Asc

　　誠実さと好意的な振舞いによって多くの調和的な人間関係を作る人、良い結婚

♃ /DH = MC

　　機転のよさ、真心のある行為で社会的な好評を得る人、特に人を相手にする仕事での幸運、人を通しての喜びのある人生、結婚の幸福

木星とドラゴンヘッド　129

原理
誠実さ、寛大さ

性格
+ 誠実な態度、調和的で譲歩的、明朗、寛大、ユーモア、周りを元気づける有益な影響力
- 慢心、無頓着、浪費

生物的意味
正しい診断、病気に対する適切な薬剤

社会的意味
裕福な人々

出来事
+ 認められる、成功する、良いチームワーク、有益な交際または共同関係の構築
- 不和、慢心、浪費

♃/Asc ＝ ☉
寛大さと明るさ、幸運な人間関係、有力な人物からの愛顧と引き立てを受ける、友人や仲間たちと楽しむ能力、誠実な夫、幸せな結婚生活

♃/Asc ＝ ☽
大きな感情的な幸福感、真心のこもった心暖かい性質、親切、慈悲、同情、共感、女性との良い関係、幸福な妻

♃/Asc ＝ ☿
優れた思考力、判断力、知的処理能力、優れた会話力、他人の意見に耳を傾ける知的な誠実さ、寛大さ、広い心、広い視点、冷静で穏やか、ユーモアの機知、向

学心、教える能力、社会的な良識、知的分野のみならずで幅広い領域で認められる人

♃ /Asc ＝ ♀

非常に誠実で豊かな情愛の人、多くの人々から支持と人気を集める、明るい笑顔、人との交流でエンジョイしたい気持ち、芸術的興味、装飾のセンス、幸せな愛の結合

♃ /Asc ＝ ♂

健康な心身、元気いっぱいな人、活発な行動力、あらゆる世界で正々堂々とした手段で勝ち抜いていける人、楽天的で寛大、全てのビジネスで成功的、優れたリーダーシップ、人を励まし元気づける能力、共同の成功、幸福な結婚、情熱的な夫婦関係

♃ /Asc ＝ ♄

真面目な性質、冷静、義務を果たしルールを守る人、慎重な感情表現、自分ひとりの幸せな世界を持つ、明るさやバイタリティが不足して社会的にはあまり人気がない、晩成タイプ

♃ /Asc ＝ ♅

人生に楽観的、明朗でパワフルで快活、豊かな好奇心、進取性、素晴らしく広い着想力、技術的な才能、事業やプランを成功に導く能力、突然の成功、突然の喜び、環境の幸運な変化

♃ /Asc ＝ ♆

豊かな感受性、共感性と同情心、包容力、人々と共に希望や期待に生きる傾向、夢見がちで努力なしの幸運を求める傾向、投機的なものへ傾斜、社会的なプランは甘く計画倒れになりやすい、財政的甘さと失敗

♃ /Asc ＝ ♇

多くの人々に影響を与える魅力のある人、広い交流、力のある人とのコネクションを得る

♃ /Asc ＝ DH

多くの社交的出会いとミーティングの楽しみ、幸福な交際

♃ /Asc ＝ MC

明るく調和的な性格、良い環境と地位に恵まれる、人との折衝に成功的、幸運な人生

木星とアセンダント　131

原理
成功と幸運

性格
+ 正しい精神、幸福で調和的な態度、人生における目的意識、前向きな考え、明るい態度、誠実さ、信用の獲得、寛大、満足
- 慢心、過剰な楽観

生物的意味
衛生学、健康法、健康を維持するセンス

社会的意味
成功している人

出来事
+ 成功、目的の達成、昇進、抜擢、人気、支持、後援、名誉、知的喜び、
- 過剰な楽観、慢心

(注： 性格と出来事の － 点は♃の意味から一応上記のように記しましたが、エバーティンがこの部分にほとんど意味のある記述をしていないように♃/MCのコンビネーションには実際的なマイナスはないと考えてもいいようです。♃にはマイナス点がありますが♃－MCのコンビネーションには「ない」ということです)

♃/MC＝☉
幸運な人生、健康な心身、寛大で明朗、社会的信用の獲得、好機を最大限に活用しながら目的達成のために楽しく働いていける能力、出世、著名さや名誉の獲得、心地よい環境で生活できる幸運、幸福な結婚と家庭生活

♃/MC＝☽
幸運で幸福な人生、明朗な気質、豊かで優しい情緒と感受性、調和的な態度、女性との幸福な関係

♃ /MC ＝ ☿

豊かな思考力、的確な判断力、知的センス、教える才能、会話能力、折衝能力、広い視点と寛大な心、広い交友、そこから得られる多くの知識や情報、知的ビジネスばかりではなく全ての職業に成功的

♃ /MC ＝ ♀

豊かで誠実な愛情表現、社会的にも個人的にも誠実な愛と支持・人気を得られる幸福な人生、愛の誠実、慈善心、芸術的な心、芸術的な仕事の成功、幸福な結婚、子供たちの笑顔が溢れているような家庭生活

♃ /MC ＝ ♂

自分の運を自分の手でつかもうとするファイト、人生における明確な目的、豊かな創造力、幸福な異性関係、協力の成功、社会的勝利、稼ぐ力（所得力）

♃ /MC ＝ ♄

幸福をつかむための努力と苦闘、自制、好機を逸しがち、認められにくい才能、不満感、違和感、他人から離れたい気持ち、人生の時間をかけることによる確実な前進

♃ /MC ＝ ♅

楽天的、新企業や新企画における手腕、独創力、好機を利用する能力、突然の成功、画期的な前進、幸運な新環境　幸運な旅

♃ /MC ＝ ♆

豊かなイマジネーション、的確な現実認識を持たずに成功を夢見る人、楽をして幸福になりたい望み、不安定な土台の上の幸運、失望、損失

♃ /MC ＝ ♇

異常な信望を勝ち取る成功的な人　権力・財力の獲得

♃ /MC ＝ DH

人に対する気持ちの良い態度、誠実で寛大、広い交際　成功する協力関係、幸福な結婚

♃ /MC ＝ Asc

幸福な人間関係、人望、信用、人と一緒の喜ばしい経験、幸福な結婚

第二章　木星とMC

木星と MC　133

▎原理
抑圧、緊張

▎性格
+ 　厳しい状況に耐える能力、強い意志、果断
− 　情緒的緊張、頑固、わがまま、人を怒らせるような振舞い

▎生物的意味
リズムの抑制、心臓の閉塞状態、手足の喪失、手術（除去、切断）

▎社会的意味
猛烈な人々

▎出来事
+ 　困難の克服、あるいは強靭さの成長
− 　後見（保護・指導）への反抗、本人の環境の中で不穏状態を作る傾向、口論、分裂（別離）、強引な力の行使、自由の制限

♄ / ♅ = ☉
頑強な人、過酷な試練の経験、別離

♄ / ♅ = ☽
強い情緒的な緊張、いらだち、憂鬱な心、女性との離別

♄ / ♅ = ☿
神経の緊張、気難しさ、怒って陰謀をめぐらす傾向、他人との離反

♄ / ♅ = ♀
愛情関係の中の緊張、愛情表現の困難、愛の中断

ħ / ♅ ＝ ♂

　強暴な行為、非情、異常なエネルギーを誤用する、過酷な経験、戦いの決着をつけるために相手にチャレンジする性向、事故、災難、傷害

ħ / ♅ ＝ ♃

　あらゆる困難な状況に対応する能力、緊張からの幸運な解放に、解放から困難に突入する運命の逆転の経験、建物のダメージ、車の欠陥（故障）

ħ / ♅ ＝ ♆

　情緒的な緊張、弱さが原因の偽りや憎しみ、無気力、あきらめ、弱い体力、不運、別離

ħ / ♅ ＝ ♇

　乱暴で猛烈な行為、異常な頑張りで困難を克服しようとする、過酷な試練

ħ / ♅ ＝ DH

　人と上手くやっていく能力の欠如、不穏な状態、人を怒らせるような言動、離別

ħ / ♅ ＝ Asc

　気難しい頑固さ、世間的に孤立しやすい、困難な環境、試練、喪服を着る（遺族になる）

ħ / ♅ ＝ MC

　社会に対する頑強な要求、反抗、立腹、孤独

原理
苦しみ、放棄

性格
+ 克己、自制、用心深さ
− 陰気、自己中心的な考え方、邪推性、不満足、不信用

生物的意味
慢性病、器官の衰え

社会的意味
貧しい人、悩む人、病人

出来事
+ 自分を冷静にコントロールする
− 苦痛、悩み、病気、ノイローゼ

♄/♆＝☉
情緒的な緊張と疲労、無気力、バイタリティの欠乏、病気

♄/♆＝☽
悲観的、ふさぎこみ、精神的苦痛、情緒の抑圧、女性の病気

♄/♆＝☿
何事にも悪い方向に考える傾向、不穏な表現、学ぶことの意欲の欠乏、神経病

♄/♆＝♀
愛情表現の抑圧、愛する力の欠乏、倦怠感、無気力、孤独、愛の悩み

ħ / Ψ = ♂

エネルギーの欠乏、弱い生殖力、憂鬱、不活発、病気

ħ / Ψ = ♃

簡単に動揺したり意気消沈する傾向、孤独の中の幸せ、肝臓か肺の病気

ħ / Ψ = ♅

頑固、怒り、いらいら、狼狽、激しく変動する気分、突然の離別、突然の病気

ħ / Ψ = ♇

憂鬱、自己発展の困難、運命的な災難、重病

ħ / Ψ = DH

人前における憂鬱な萎縮した状態、内気、劣等感、喪に服する、遺族になる

ħ / Ψ = Asc

弱い体質、悲観的で無気力、不適当な環境、他人に起因する精神的苦痛、自由の制限

ħ / Ψ = MC

不適切な環境で暮らすことによる精神の苦痛、無気力、向上心の欠乏、病人

土星と冥王星 ♄ / ♇

原理
重労働、残酷、死

性格
+ 強靭、タフ、忍耐力、厳しい自己修練によって最高に難しい仕事を遂行する、達人
− 冷酷、非情、過酷、厳格、自分の主義に対する熱狂的な固執

生物的意味
器官の発達停止、機能の喪失

社会的意味
過酷な人々

出来事
+ 成功のための懸命な努力、独り離れて困難な仕事や研究に打ち込む能力
− 利己的な目的の追求とその失敗、困難と試練、不運、幸運と財産の喪失、死

♄ / ♇ = ☉
すり減るような肉体的エネルギーの酷使、重労働、目的達成のために犠牲をいとわない性向、孤高、過酷な試練、抑圧、拒絶、断念、強奪、別離

♄ / ♇ = ☽
メランコリック（鬱）、冷たい感情、不感症、病気、女性の不運

♄ / ♇ = ☿
調査や研究をしたい強い願望、徹底性、クールな心、冷たい言葉、沈黙、利己的な目的、孤立

ħ / ♇ = ♀

孤独を愛する性向、禁欲、不人気、愛の不毛、愛の消滅

ħ / ♇ = ♂

粗暴、暴行、脅迫、非情、虐待、断固とした徹底的なファイター、重労働

ħ / ♇ = ♃

質素、遠慮、他人のために自分を犠牲にしがち、宗教や社会活動への強い傾斜

ħ / ♇ = ♅

危険を恐れない、困難な状況の中にあっても即断できる能力、突然の粗暴な行為、
不運なアクシデント、事故、災難、重傷、

ħ / ♇ = ♆

不実、偽り、嘘、欺き、密かに他人を傷つけたい衝動、不安定、水やガスまたは
アルコールや毒物による危険

ħ / ♇ = DH

多数の人と共に味わう苦痛、個人的関係の消滅

ħ / ♇ = Asc

非情な人生観、困難で過酷な環境に身を置く不運、別離、喪に服する（死別）

ħ / ♇ = MC

忍耐によって困難な環境から立ち上がりたい強い願望、厳格、自己犠牲、禁欲、
達人、過酷な試練、重労働、社会的抑圧、家庭的な不幸、別離、死別

土星と冥王星　139

原理
交際の抑制

性格
+ 成熟した人または経験豊かな人との接触を求める
− 適応性の欠乏、打ち解けない、気後れ、他人との協力における困難

生物的意味
体内の有害な有機的生物

社会的意味
比較的に困難な事情を抱える高齢者の団体（老人ホームなど）

出来事
+ 年配者や経験豊富な人との交際
− パートナーシップや交際上の抑圧や困難、血縁の不幸（死）

♄/DH ＝ ☉
孤独を好む、人前における劣等感や気後れ、疎外感、別離、孤独な夫（妻を失った男性）

♄/DH ＝ ☽
人前における情緒的抑圧、孤独感、未亡人または孤児

♄/DH ＝ ☿
人との会話で経験する困難と違和感、表現の抑圧、別離の考え、不幸の知らせ

♄/DH ＝ ♀
愛の表現の抑圧、素直な気持ちの表現が苦手、親しさから遠ざかる気分、性生活の不調和、愛または結婚における困難、離別

ħ /DH = ♂

他人との憂鬱な対立、不和、血縁の死によって残される

ħ /DH = ♃

孤独を好む、孤立することによって感じる幸せ、人のために犠牲になることによって味わう精神的な喜び、パートナー・友人との幸運な離別

ħ /DH = ♅

不満、反発、反抗、他人の命令に従うことによる強いストレス、そこから解放されたい願望、年配の血縁者を通しての苦難、突然の離別、喪に服する、死別

ħ /DH = ♆

人から無視されている誤解されるという感情、孤独感、嘘による精神的苦痛、詐欺、虚偽、離別

ħ /DH = ♇

他人のために犠牲になる、あるいは他人から屈服させられるような経験、他人を通じての苦労、悪い交流、喪に服す、死別

ħ /DH = Asc

孤独を望む内気な人、他人や血縁と共に分かつ困難や苦労、離別

ħ /DH = MC

自分の個性の発達への抑圧、憂鬱な人生観、社会的孤立、家族や同僚との離別、喪に服す

▎原理
感情を表せないパーソナリティ

▎性格
- ＋ 真面目、冷静、忍耐、謙虚、内省、経験によって学ぶ
- － 他人に対する感情表現の抑圧、愛情表現の欠如、疎外感、邪魔されているという感じ、憂鬱、劣等感、躊躇、悲観、ファイトの欠乏、制限された環境による苦痛

▎生物的意味
組織や器官の不完全な結合に起因する疾患、皮膚病、感覚器官の慢性的な機能障害、遺伝性の近視、中耳炎

▎社会的意味
老人ホームの居住者、入院患者、孤独な人々

▎出来事
- ＋ 経験を積む　内省による認識、年長者との交際
- － 人間関係の困難と苦痛、周囲の事情の悪化、事故、病気

♄ /Asc ＝ ☉
行動の自由が制限されていることの認識、我が道を生きたいという強い望み、生活環境の困難な事情、バイタリティの弱化、他人と調和しない行動

♄ /Asc ＝ ☽
環境が原因の憂鬱さ、人前における抑圧感（内気）、不機嫌と不快感、周囲の状況に左右されやすい傾向、女性との離別

♄ /Asc ＝ ☿
真面目で孤独的、他人との会話を避ける傾向、消極的、人を通じてトラブルに巻き込まれる

♄ /Asc ＝♀

感情や愛情の表現の抑圧、自己中心的な愛情観、愛の別れ、孤独

♄ /Asc ＝♂

抑圧された情熱、鬱積をはらさんとするかのような怒り方、頑固、わがまま、強情、悪い環境、打ち負かされるような経験、喪に服す、死別

♄ /Asc ＝♃

無関心、無頓着、寂しい状況にも十分に満足する性向、別離の喜び

♄ /Asc ＝♅

強い自我、わがまま、頑固、突飛で異常な論争、突然の離反や別離

♄ /Asc ＝♆

憂鬱な環境、他人を通じての情緒的な苦痛、不誠実、虚偽、不和による離別

♄ /Asc ＝♇

乱暴な抑圧を通じての苦痛、他人からの強制的な命令や支配

♄ /Asc ＝ DH

人から離れる傾向、不愉快な家庭環境

♄ /Asc ＝ MC

自己主張力の弱さ、表現の困難、人から受ける苦痛、疎外感、別れによる心痛、人生的な目的を妨害される経験

土星とアセンダント　143

原理
人生の抑圧と責任

性格
+ 人生の目的に対する粘り強い努力、義務を果たす、ルールの遵守
- 自分ことだけで頭を一杯にする傾向、情緒的抑圧、活動力の不足、劣等感、不器用

生物的意味
慢性疾患、癌、局部的痛みの自覚

社会的意味
抑圧されている人々

出来事
+ 経験を積む、義務を果たす、基盤を固める
- 職業上の困難、失敗、降格、責任問題、懸念、心配、不人気、孤立

♄/MC ＝ ☉
責任を全うしようとする人、人生の目的の自覚、忍耐力、内心の自尊心、社会的な責任問題、勇敢さの欠乏、情緒的不安や憂鬱

♄/MC ＝ ☽
悲しみの経験、気分が落ち込みやすい、メランコリー、他人から離れたい気持ち、女性に関わる苦痛や困難

♄/MC ＝ ☿
厳しい悲観的な考え方、考え込んでしまう傾向、悲しい経験の記憶、他人にグッドバイを言いたい気持ち

ħ /MC ＝ ♀

見放された、あるいは拒絶されたような悲しい愛の経験

ħ /MC ＝ ♂

イニシアティブ（進取性）や勇気の欠乏、他人からの抑圧に従ってしまう傾向と
そこからくるストレス、重労働と少ない報酬、不適当な環境、離別、喪に服す

ħ /MC ＝ ♃

正直、素朴、慎み、規則や命令に素直に従う人、制限された環境の中でささやか
な満足を感じる性向、やむを得ない事情による住居や職場の変化

ħ /MC ＝ ♅

情緒的な緊張、犠牲を払っても目的を達したい望み、懸命な努力、突然の職業的
な危機、情緒的ショック、喪に服す、残される

ħ /MC ＝ ♆

明瞭さの欠如、生きるバイタリティの弱さ、憂鬱、悪い環境、歳と共に増す孤独、
失望、喪に服す

ħ /MC ＝ ♇

社会生活上の不運、宿命的な戦い（もがき）、公権力からの抑圧や拘束

ħ /MC ＝ DH

人間関係の中の困難・抑圧・不人気、不幸を通しての人とのつながり

ħ /MC ＝ Asc

真面目で社会のルールに従う人、社会的な困難のある人生、不適当な環境、過重
な責任、心理的な負担感、不人気、人との疎遠、孤立、別離

▍原理
意識を目覚めさせない状態

▍性格
+ 精神的なヴィジョン（覚醒）、理想主義、神秘や芸術へのインスピレーション
− 情緒的不安定、神経過敏、突飛で普通でない発想

▍生物的意味
麻痺、心臓の不調、脳卒中

▍社会的意味
風変わりな人（神秘的なものに傾斜する人）

▍出来事
+ インスピレーションの覚醒、精神的な理解と認識
− 奇妙な心理状態、スタミナとバイタリティーの欠乏、損害、失調

♅ / ♆ ＝ ☉
敏感な体質、強い感受性、強迫感、てんかんなどの痙攣性の病気

♅ / ♆ ＝ ☽
非常に感受性が敏感な人、不思議な予感や不安を感じる傾向、神秘的・霊的なものに開かれたアンテナ、そうした分野への傾倒や人間関係を持つ傾向、感情的な不安定、発作性

♅ / ♆ ＝ ☿
独創的で奇妙な想像力、神秘的・超自然的分野への関心と傾倒、遠い場所への憧れ（精神領域としての、または現実の海外の旅）、現実性の少ないプラン

♅ / ♆ = ♀

敏感な感受性、個性的で風変わりな芸術的感性、愛における一方的な感激性（相手の意思を必要としない自分だけの喜び）

♅ / ♆ = ♂

スタミナの欠乏、情緒的緊張と不安定、インスピレーション、誤った方向へエネルギーを傾斜する傾向、急ぐことによる失敗、移動中の事故や負傷、痙攣的な疾患

♅ / ♆ = ♃

他人依存の無気力な希望や期待を持つ傾向、空想性、奇妙な幸運

♅ / ♆ = ♄

弱いバイタリティ、頑張る気持ちの欠乏、無力感と憂鬱

♅ / ♆ = ♇

他人からの支配や運命を受け入れる性向、抵抗の放棄、災難や災害の経験

♅ / ♆ = DH

他人との関わりあいで精神的なバランスを失いやすい

♅ / ♆ = Asc

情緒不安定、神経過敏、他人からの影響を受けやすい

♅ / ♆ = MC

無意識な衝動に動かされやすい人、スタミナの欠乏、神経衰弱、喪に服す、死別

天王星と冥王星 ♅ / ♇

原理
変形

性格
+ 創造力（非凡）、革新・刷新する力、強い目的意識、不屈の努力、徹底性
− 異常、性急、熱狂性、不休性、変動性、一方的、猛烈、破壊マニア、大胆な行為、向こう見ず、精力を浪費する傾向

生物的意味
生物的リズムの変動、脈拍と呼吸

社会的意味
パイオニア、改革者、並外れた人

出来事
+ 懸命な努力による目的の達成、新しいものの創造、生活の改変
− 苛烈な行為、人の頭に銃を突きつけるような挙動、失敗、アクシデント、番狂わせ

♅ / ♇ = ☉
独立と自由への衝動、不屈な創造的活動、自分自身に強いプレッシャーをかける傾向、強い情緒的緊張、興奮

♅ / ♇ = ☽
強い感受性、奇妙な直観とひらめき、落ち着きのない感情、極端で大胆な希望

♅ / ♇ = ☿
疲れを知らないタフな思考力と徹底性、集中力、発明・創意工夫の才、新しいこと（新案・計画）を伴う絶え間ない仕事、神経の酷使と緊張

♅ / ♇ = ♀

芸術的な創造力、わがままで情熱的な愛情

♅ / ♇ = ♂

熱狂的な性質、激しい行為、破壊マニア、性急、傷害、負傷、事故、手術

♅ / ♇ = ♃

社会と関り社会的な改善のために尽力する性質、社会の中で自分の力量を発揮する人、宗教的・哲学的な目的の追求

♅ / ♇ = ♄

わがままで頑固、人生の苦難と抑圧、憎しみ、運命的な別離

♅ / ♇ = ♆

感応性、精神的分野あるいは神秘的分野への傾斜、不安、不確実、満たされない希望、疲労、神経病（ノイローゼ）

♅ / ♇ = DH

チームワークで大きなことを達成したい衝動、動揺や興奮を共有する経験、人との関係で起きる突然の離合集散

♅ / ♇ = Asc

強靭な神経、休まずに長時間働ける能力、あるいはそうしなければならない厳しい環境、自分あるいは他人に強いプレッシャーをかける、頑固で性急、事故

♅ / ♇ = MC

不休性、絶え間ない活動、不撓不屈、ビジョン、改革への熱望、あらゆる状況を即座に把握し利用する戦略性、人生上の予期しない番狂合わせ、危機

▮ 原理
他人と分ちあう驚きと発見

▮ 性格
+ 人と同席している時の活発で生き生きした態度、人と共に新しい経験をしたい望み、変化と多様性を求める
- 落ち着きのなさ、人前における神経過敏、不調和な態度（反抗性）、人と一緒の生活の中の激情や動揺（不安）

▮ 生物的意味
痙攣性の病気

▮ 社会的意味
特別な目的によって連帯しているグループ

▮ 出来事
+ 新しい交際の始まり、人と共に分ちあう新しい経験の喜び
- 人間関係に起きる突然の出来事、トラブル、対立

♅ /DH ＝ ☉
　人との交流の中ですぐに感情的になる傾向、人との交際によって得られる多くの刺激、さまざまな経験、変化する人間関係

♅ / DH ＝ ☽
　人に対して急に興奮したり突然燃え上がるような感激性を表す傾向、人間関係や交友関係が変わりやすい、女性との突然の関係

♅ /DH ＝ ☿
　情報やアイデアの交流を軸とした人間関係、活発なおしゃべり、臨機応変な対応力、人と共有する理解と認識、他人から飛び込んでくる緊急ニュース

♅/DH = ♀

活発で楽しい交際、突然の愛の経験、突然に恋に落ちる傾向

♅/DH = ♂

すぐに人前で興奮する傾向、喧嘩腰、自分の感情を抑えられない人

♅/DH = ♃

社交的な行事や娯楽に参加することを好む、ややおせっかいな親切をする人、他人と一緒に幸福な人生経験を分けあう、交際の中の突然の喜び

♅/DH = ♄

人間関係における抑圧の経験、人と共に経験する困難、グループの解散、離婚

♅/DH = ♆

人から簡単に騙される人、交際や関係の衰退、共同の目的（事業）からパートナーが手を引く

♅/DH = ♇

不穏な交際、人から命令されたり支配される危険、突然の絶交

♅/DH = Asc

他人から刺激（激励）されたり興奮させられる経験、人間関係の変化

♅/DH = MC

他人から刺激的なアイデアを求める、人と共にプランを実現したい願望、人と共に新天地を開く、社会的な目的に沿って変わっていく人脈、独身志向、あるいは結婚生活のトラブル

原理
個の主張

性格
+ 瞬時に反応する鋭敏さ、バラエティの愛好、独創性、発明的才能、技術的センス
− 変わりやすい、興奮しやすい、落ち着きのなさ、不安定、エネルギーを拡散する傾向、神経性の短気

生物的意味
神経システム、頭痛、三叉神経痛

社会的意味
エキサイタブルな人々

出来事
+ 環境の改革・改良、新しい交際、新鮮な経験
− 突然の出来事、興奮や動揺、他人との対立

♅/Asc ＝ ☉
興奮しやすい人、変化しやすい環境と人間関係、個性的な魅力、強い好奇心、独創性、技術的分野での成功、女性のチャートでは男性運の変化、離婚の可能性

♅/Asc ＝ ☽
強い好奇心、強い感情的（情緒的）反応、人からの影響で簡単に興奮する傾向、男性のチャートでは女性運の変化、離婚の可能性

♅/Asc ＝ ☿
素早い物事の把握力、独創的な思考、プランを企画する能力、新しいものへの旺盛な知的好奇心、批評力、あらゆることに口出しする傾向、技術や工業分野での成功

♅ /Asc ＝♀

豊かで激しい感情表現、人と共に喜びや満足を経験したい望み、美に対する強い反応、ドラマチックな愛の衝動、魅力的な愛人、愛の結合

♅ /Asc ＝♂

激しい自己主張、勇敢、果断性、瞬発力、環境や状況を変えようとする衝動、すぐに激情的になる傾向、抑圧に対する激しい反発、性急、わがまま、落ち着きのなさ、他人を煽るような騒動性、攻撃性、負傷、傷害、実際的な技術の才

♅ /Asc ＝♃

大いなる独創性、創造力、楽天的な態度、すぐ人と打ち解ける能力、幸運な周囲の変化、協力またはチームワークの成功

♅ /Asc ＝♄

自分の意思にこだわる固執性、協調性の欠乏、他人から圧迫されたり邪魔されたりする不運、不和、別離

♅ /Asc ＝♆

感情的な衝動性、他人との交際における虚偽・裏切り・失望の経験、信頼できないパートナー、交際関係の変化と衰退、突然の悲しい経験

♅ /Asc ＝♇

人生における緊張と主導権争い、目的達成への強い衝動、力の行使、困難を打開しようとする懸命なファイト、突然の番狂わせ

♅ /Asc ＝ DH

変動する交際、人との交流によって受け取る多くの刺激、個性的・刺激的な友人や仲間、共通の興味によって導かれる傾向、離別への衝動

♅ /Asc ＝ MC

独創的で野心的な性向、常に新しいものや新しい関係を求める、環境を変えようとする意欲、技術分野における成功、人生の目的の変化

天王星とMC ♅/MC

▌ **原理**
　成功するパワー、独創性

▌ **性格**
　＋　成功する人生の道を作る力、オリジナリティ（独創性）、ビジョン（見抜く力）、俊敏で適切な対応力、組織能力
　－　情緒的なエキサイト、性急な決断、早まった行動、異常な目的

▌ **生物的意味**
　身体のリズム、呼吸の活動

▌ **社会的意味**
　独創的な人

▌ **出来事**
　＋　出世、成功、独創性の発揮、良い変化、ラッキーニュース
　－　望まない突然の変化、性急な行動による失敗

♅/MC ＝ ☉
　強い独創力、自立性、自分の個性で成功を勝ち取る人、肉体的・情緒的な緊張、興奮しやすい体質

♅/MC ＝ ☽
　独創的な直観（ひらめき）、人生の中の多様で多くの感情的な経験、激しい情緒性と感受性、気分の激しい変化（女性の生理の乱れ）

♅/MC ＝ ☿
　知的な鋭敏性、知的創造力、好奇心、興奮しやすい神経

♅/MC ＝♀

センスに対する鋭敏な感覚、芸術的な独創力、他人を魅了する力、愛欲の突然の覚醒、出産（誕生）

♅/MC ＝♂

激しい衝動性と戦闘力、力の誇示によって目的を達成する、暴力性、怒りやすさ、自己コントロールの欠乏、口論、事故、傷害、手術、技術的分野の才

♅/MC ＝♃

楽天的、成功的な人生、大いに仕事を楽しむ、大きなプロジェクトの成功、画期的な創造力、突然の喜び

♅/MC ＝♄

堅苦しさ、冷淡、狭量、地位を失う、別れることへの衝動

♅/MC ＝♆

無気力、無力感、焦燥（いらだち）、社会的な裏切り、虚偽、不信用

♅/MC ＝♇

目的への熱狂的な野心、オーバーワークに起因する神経衰弱

♅/MC ＝ DH

特別な目的のための人との結束、変化する人間関係、共同社会での緊張、対立家庭不和

♅/MC ＝ Asc

人生目的の認識、果断な実行力、独創性、人前での落ち着きのない性急な態度、人生上の突然の出来事、再調整

原理
非現実（超自然圏）

性格
+ 繊細な感受性、活発な想像力、超自然的な現象を探求する力
− 奇妙な空想とアイデア、妄想、幻覚、虚偽、精神の混乱

生物的意味
奇妙な状態、健康維持のための意志力の薄弱、はかどらない治療

社会的意味
奇妙な人、変人

出来事
+ 独自の目的に対する肉迫
− 混乱、強迫感、不健康な習慣、病気、薬への傾斜

♆／♇＝☉
繊細で過敏な心身、悪い習慣（アルコール、煙草、薬物など）による衰弱や病気

♆／♇＝☽
過度に繊細で過敏な神経、ムードの変化、幻想、幻覚

♆／♇＝☿
神経衰弱、動揺しやすい思考、奇妙な趣味、超自然世界への傾斜、実現しないプラン

♆／♇＝♀
霊感や神秘的なものへの愛着、奇妙な愛の感覚

Ψ / ♇ = ♂

弱いエネルギー、抵抗力の欠如、他からの力に屈する傾向

Ψ / ♇ = ♃

人類的・世界的・宇宙的な愛の感覚を持つ人、普遍的な価値・哲学的真理を追求する傾向、幸福な霊的経験、派閥性のある人

Ψ / ♇ = ♄

悲観的、自らを苦しめる傾向、宿命的な試練

Ψ / ♇ = ♅

個性的で異常な才覚、過敏な神経、独自で奇妙な趣味嗜好、神秘的なことや超自然的なことの経験、あるいはそうした分野への没頭　ときに大胆、そこから生じる危険

Ψ / ♇ = DH

人と共に奇妙な経験を分かちあう、霊的・神秘的素養の遺伝

Ψ / ♇ = Asc

心霊的なムードを持つ人、奇妙な環境　良くない習慣を持ちやすい

Ψ / ♇ = MC

霊的・超自然的な世界への傾斜、現実生活に適応することの困難

海王星と冥王星 157

原理
チームワークの中の虚偽

性格
+ 他人への共感、理解
− 公共的センスの欠乏、交際における虚偽や策謀

生物的意味
伸縮性の欠如、正常な状態（調子）の欠如

社会的意味
嘘をつく人

出来事
+ 人との共感と理解
− 人からの悪い誘惑、人に対する間違った判断、嘘、錯覚、誤解、陰口、陰謀

Ψ/DH＝☉
人と交際し続けることの困難、自分の考えを他人に十分に説明することができない、あるいは人と十分な相互理解をすることができない、他人から失望させられる経験

Ψ/DH＝☽
人に対する感情的な姿勢、共同社会と適切に交流する能力の不足、適応性の欠乏、人を偽ったり人から偽られたりする危険、女性との間にある不信

Ψ/DH＝☿
交際における判断の誤り、誤解、嘘、人と共に悪い望みを抱いたり秘密の申し合わせをしたりする傾向、非現実的なプラン

Ψ/DH = ♀

　人間関係における甘い感覚、依存性、自分の愛情関係に誤った判断や誤った期待をしやすい、愛の不実、浮気

Ψ/DH = ♂

　他人との不信・仲たがい、感情的な爆発、人と上手くやっていく能力の不足

Ψ/DH = ♃

　人との交際に大きな期待を抱く性向、同情的な包容力、夢の共有、甘い判断　人を利用して楽をしたい気持ち、あるいは他人から安々と利用される危険

Ψ/DH = ♄

　人と接触する時の抑圧された感情表現、人との交際を通じて受ける偽りや裏切り、離別、パートナーに起因する苦痛

Ψ/DH = ♅

　人との交流におけるわがままと自我の表現、不信と離反、愛する人との突然の分裂

Ψ/DH = ♇

　虚偽が原因の関係の消滅

Ψ/DH = Asc

　人前での不安定な態度、感情的な姿勢、他人から欺かれたり裏切られたりする経験

Ψ/DH = MC

　人を偽ったり人から偽られたりする、家庭内の不和、あるいは夫婦の相互理解の欠如、孤独でいたり人から離れて生活することへの望み

第二章　海王星とドラゴンヘッド

海王星とドラゴンヘッド　159

海王星とアセンダント
Ψ/Asc

▎**原理**
　感受性

▎**性格**
　+　豊かな感受性、繊細、他人への精神的理解、同情、思いやり
　−　感情的、空想癖、他人に影響されやすい、抵抗力とスタミナの欠如、社会で地位や立場を維持する力の弱さ、他人に騙されたり利用されたりする甘さ

▎**生物的意味**
　錯覚、アレルギー、感染

▎**社会的意味**
　嘘つき、詐欺師、敏感な人

▎**出来事**
　+　他人への理解、インスピレーション
　−　虚偽、欺き、誤解、不信、中傷、無気力、自己コントロールの欠乏、失望、幻滅、信用を裏切る

Ψ/Asc ＝☉
　弱い体質、情緒的、不明瞭な意思表示、セルフコントロールの弱さ、甘い判断、他人から偽られたり利用されたりする傾向、屈辱を受けたりプライドを傷つけられる危険

Ψ/Asc ＝☽
　非常に強い感受性、激しく揺れ動く感情、空想性、人や環境に影響されやすい、神経の疲労、女性との好ましくない関係

Ψ/Asc＝☿

誤った印象や直感に左右される、感情的な考え方、現実性のないプラン、他人を欺こうとしたり悪い（不健全な）考えをいだく傾向

Ψ/Asc＝♀

恋への憧れ、愛のフィーリングに敏感な人、愛の裏切りや不信、痛々しい愛の経験、愛の嫌悪

Ψ/Asc＝♂

強い感情性、わがまま、気まぐれ、激情と口論、協力やチームワークの中の不愉快な経験、傷害やダメージを受ける

Ψ/Asc＝♃

大いなる想像と夢、幸運を期待する性向、話がオーバーになりやすい（誇張癖）、他人を利用して（欺いて）楽をしたい気持ち、他人からも騙されがち

Ψ/Asc＝♄

弱い体質、悲観的な傾向、人生の困難に対する抵抗力の弱さ、他人を通じての苦痛、人から妨害されたり中傷される不運、慢性の病気

Ψ/Asc＝♅

衝動的な感情、他人からの影響に激しく反応する傾向、他人から中傷されたり裏切られる不運、現実性のない奇妙なアイデア

Ψ/Asc＝♇

他人からの欺きや中傷による苦痛、精神の危機

Ψ/Asc＝DH

交際の中にある虚偽、信頼できない人間との接触から生じる不適切な行為と後悔の念

Ψ/Asc＝MC

自分の人生を発展させる能力の欠乏、意志力の弱さ、抵抗力やスタミナの欠如、偽ったり偽られたりする傾向、他人によって道を誤ったり堕落したりする危険

海王星とアセンダント　161

原理
不安定、不鮮明

性格
+ 直観力、共感力、豊かなインスピレーション
− 現実性のない目的への傾斜、感情的な思いつき、漠然とした目標、優柔不断な態度、自信または自己主張の欠如、現実の厳しさに屈服する弱さ

生物的意味
精神障害、進行性麻痺

社会的意味
夢想家、詐欺師

出来事
+ ひらめき、他人への理解
− 誤ったアイデアの追求、欺いたり欺かれたりする、迷い、自分で決めたことの不実行や断念、人に対して装う（自分の事実を隠す）

Ψ/MC＝☉
成功を実現するためのバイタリティの欠乏、実現性の低い人生目標、装うことによって自分の本当のキャラクターを偽って人に伝える傾向、自分の仕事に対する不満、迷ったり決断できない弱さ

Ψ/MC＝☽
空想に耽る夢想的な性質、間違った解釈や判断をしやすい

Ψ/MC＝☿
誤った考えを持ちやすい、認識と判断の誤り、他人の話を安易に受け入れる、他人に対して偽りの言葉を口に出す傾向

Ψ/MC＝♀

楽しさや愛の装い、偽りの思慕や愛の表現、愛の夢想、演技のアート（芸術）

Ψ/MC＝♂

理性的判断なしに行動する傾向、誤った（悪い）アイデアへの傾斜、他人を傷つけたい思い

Ψ/MC＝♃

期待の喜び、幸福や幸運を夢見る傾向、ギャンブルや投機への傾斜、幸運や幸福であることの装い（見せかけ、ポーズ）

Ψ/MC＝♄

明快さの欠如、自信の欠乏、悲観、誤った行動による苦痛、損失

Ψ/MC＝♅

情緒的不安定、緊張感、苛立ち、間違ったアイデアを持ちやすい

Ψ/MC＝♇

奇妙で怪しげな目的への情熱、詐欺、犯罪

Ψ/MC＝DH

人との偽りの関係、信頼できない仲間と共に企てる行為、後悔

Ψ/MC＝Asc

現実から目を背ける傾向、間違った目的や悪い目的の追求、社会における不安定な立場、不確定な状況

第二章　海王星とMC

海王星と MC

原理
グループ全員の共通の運命（戦争、天災など）

性格
+ 多くの人々に影響を与えたい欲望
− 他人から束縛や支配、宿命的な関係、因縁

生物的意味
妊娠障害、悪阻（おそ）、子癇（しかん）

社会的意味
群衆、人々の大グループ

出来事
+ 重要な意味を持つ交際の始まり
− 人々と共に経験する悲劇的な出来事

♇/DH ＝☉
自分の意志を他人に強引に押し付けようとする傾向、またその逆

♇/DH ＝☽
人から受ける情緒的な圧迫感、自由に発言できない、拘束されている感覚

♇/DH ＝☿
強い暗示力、他人の心に強い影響を与える力、政治的プロパガンダの能力、策略家、言葉のマジシャン

♇/DH ＝♀
人を魅了する非凡な魅力、大衆からの大きな人気　愛が拘束される危険

♇/DH＝♂

人を支配し自分の命令に従わせたい強い衝動、強い戦闘力、非情、残忍、徹底性、または他人の暴力の支配下に置かれる不運

♇/DH＝♃

抜群の対人手腕、権力の獲得、他人を通じての大きな利益

♇/DH＝♄

他人から拘束され支配される危険、悪い環境、悲劇的な別離

♇/DH＝♅

共同社会で経験する混乱、対立、解散、倒産、別離

♇/DH＝♆

嘘、偽り、詐欺などの手段による目的の達成、またはその逆による損害

♇/DH＝Asc

一般社会に大きな影響を与えたい望み、またはその能力

♇/DH＝MC

社会全体や大きな団体の中で影響力（あるいは支配力）を発揮したい願望、または他人に支配され命令下に置かれる経験

▎原理
他人に対する支配、魅惑力

▎性格
+ 野心、断固性、権力を得るための奮闘、非凡な個人的影響力の発揮
- 人を支配し強制下に置こうとする、独裁、暴力性

▎生物的意味
肉体的な変化、または変形

▎社会的意味
人に強い影響を与える人々

▎出来事
+ 権力あるいは発言権の獲得、環境の根本的な再調整
- 人間関係の緊張、暴力的な経験、生活環境の激変

♇/Asc ＝ ☉
肉体的強さや勇敢さで人々から称賛や敬意を得る、権勢力の掌握

♇/Asc ＝ ☽
他からの影響に激しく反応する、または他人に対して強い影響を与えられる力（魅力）

♇/Asc ＝ ☿
人々のマインド（心）を支配したい衝動、催眠術的な暗示力の行使

♇/Asc ＝ ♀
魅惑的な振舞いによって人々に影響力を与える能力、人気、性的魅惑力

♇ /Asc = ♂

強靭な闘争性、非情、恐れを知らない勇敢さ、無謀（向こう見ず）、わが身を危険にさらしがち、負傷、事故、暴力

♇ /Asc = ♃

堂々とした力強い性格、他人を引きつける人間的な魅力、権力や財力の獲得

♇ /Asc = ♄

社会的な圧力による危難、強制的な手段を受けるような不運（逮捕、拘禁）、厳しい疾患、あるいは他人の病気による精神的な苦痛　災難

♇ /Asc = ♅

他人を支配したい衝動、心が休まることのない緊張感の中で暮らす不運、突然の出来事、混乱、事故

♇ /Asc = ♆

誤った行動による苦痛、周囲にいる悪い人間、対処しにくい困難な立場に追い込まれる経験

♇ /Asc = DH

他人と運命を共有する経験、人との交流の中で起きる主導権問題

♇ /Asc = MC

権威と権力の獲得、他人に対する強い影響力の行使、魅力的な個性、（チャートしだいでは）公権力や大衆からの抑圧

第二章　冥王星とアセンダント

冥王星とアセンダント　**167**

冥王星とMC
♇/MC

▍**原理**
　権力への志向

▍**性格**
　＋　社会的な権力を得たい願望、強い執行力、胆力、組織能力、ビジョン
　－　極端、非情、力の悪用、反社会的行為、他人の心に抵抗感や復讐心をつくる傾向

▍**生物的意味**
　治療・手術への決心あるいは覚悟

▍**社会的意味**
　特別な分野でのエキスパート（権威者）

▍**出来事**
　＋　権力・権威の獲得、発言権の増大、人生的な環境の再調整
　－　力の誤用による失敗、権威や権力の喪失、公権力との衝突

♇/MC＝☉
　権力や権威への志向と達成、スケールの大きい人間的な魅力

♇/MC＝☽
　精神的な純粋さや表現力によって人々に強い影響を与える人、影響力・指導力を持った女性

♇/MC＝☿
　徹底したやり方で物事の真相に迫ろうとする知的傾向、書くことや話すことで社会に大きな影響を与えられる人、強い暗示力の行使

♇/MC＝♀
　異常に強い魅惑力、人気、強い愛情（情念）

♇/MC = ♂

権力を得たい、他人を支配したい衝動、何事にも力を行使する傾向、口論、喧嘩、事故、負傷、気に入らない仕事を強いられる不運

♇/MC = ♃

権力あるいは財力の獲得、広く大きな視点、正々堂々とした振る舞いと態度

♇/MC = ♄

社会生活上の抑圧、他人の支配下に置かれる不運、生きるための厄介な戦い、社会的地位を奪われたり困難な状況に追い込まれたりする危険、死または残される（パートナーを失う）

♇/MC = ♅

強い決心によって自分の目的を達成しようとする人、権力への衝動、突然の職業上の変化

♇/MC = ♆

大きな想像力、誤ったアイデアに夢中になる人、大きな失望の経験

♇/MC = DH

グループや共同体においてリーダーシップを取りたい望み、他人に対する影響力のある人

♇/MC = Asc

権威や権力の獲得、魅力的な個性、影響力の強い人

原理
個人的な人間関係

性格
+ 　他人に対する調和的な態度　社交性
− 　周囲の人々への不調和な振舞い

生物的意味
記憶力、体内の呼吸作用

社会的意味
仲間、同志たち、家族

出来事
+ 　人との楽しい交流、良好なチームワーク
− 　仲たがい、別離、交際上の問題

DH/Asc ＝ ☉
　　社会的な楽しみや社交的交際の開発や発展、他人との個人的交際を求める、男性との絆

DH/Asc ＝ ☽
　　他人との心の絆を築きたい望み、他人と交際したい望み、他人の気持ちを理解する感受力、他人と気持ちを交流しあう喜び、女性との絆

DH/Asc ＝ ☿
　　知的な刺激を交換したい願望、人と考え方や情報を分かちあう、共同の研究や勉強

DH/Asc＝♀

人に対して親しみのある態度で接する、同じ興味を通じて関係を密にする、愛の結合

DH/Asc＝♂

人と結束して何かを成し遂げたい願望、肉体的魅力をベースにした関係

D H/Asc＝♃

にぎやかで豊かな社交性、人と一緒に遊び楽しみたい気持ち、寛大さ、会合・宴席・祭りを好む、幸運な交際、幸福な結合

DH/Asc＝♄

交流への消極性、自制、人前での気後れや劣等感、孤立、喪服を着る（残される）

DH/Asc＝♅

人との接触や交流を望む、突然接触を求めたり関係を求める傾向、人間関係の中で起きるさまざまな出来事と変化、突然の経験

DH/Asc＝♆

人に対する誤った認識、嘘や偽りをベースにした交際や結合

DH/Asc＝♇

強制的に人と共に働かされたり生活させられたりする不運、人間関係の支配と服従の問題

DH/Asc＝MC

人との密接な関係の中で地歩を築いていく人、公共的な人間関係の構築

原理
社会的な人間関係

性格
+ 自分と同じ考えの人々と結束し共通の目標を追求する、
- 共通の目的を追求する人々との結束の弱化

生物的意味
潜在意識と顕在意識の接点

社会的意味
同じ志の人

出来事
+ 人との相互理解、信頼関係の構築、共通の目的の追求
- 人との間の困難な問題

DH/MC ＝ ☉

趣味や興味が一致する交際の発展、人との交流によって人生の可能性を広げる

DH/MC ＝ ☽

感情の素直な表現、心の内面からの理解を求める、他人と一緒にいる時に家族的な雰囲気を作り出す人

DH/MC ＝ ☿

考え方を分かちあうことによって交際関係を作る、有益なアイデアや情報を交換することによって相互の関係を刺激しあう

DH/MC = ♀

交際において優しい態度を示す、良いマナー、自分の気持ちを素直に表現したい
気持ち、同時に相手の美点を見ようとする、純粋な愛情衝動

DH/MC = ♂

強い同志愛とチーム精神、共通の目的のために団結し全力を尽くす、異性に対す
る情熱的な感情の表現

DH/MC = ♃

解放的で愉快な人、家庭的な雰囲気でのパーティーやミーティングを好む、人々
との誠実な関係と幸福、広い交際、幸運な結合

DH/MC = ♄

我が道を行く姿勢、人に対して非協力的、人とのつながりから離れる、孤独や独
居生活を望む

DH/MC = ♅

人前で現れる落ち着きのない興奮性、人と共に経験する突然の経験　変わりやす
い関係

DH/MC = ♆

人との交際の中で起きる虚偽・裏切り・失望の経験、人に対する誤った判断によっ
て損傷を受ける不運、信頼関係の崩壊による離別

DH/MC = ♇

パートナーシップにおける力の行使、自分の好みで自分の仕事の協力者を選ぶ傾
向、組織力、人と共に大きな目的を追求する

DH/MC = Asc

共同生活に対して調和的、多くの人々と関係を築く

アセンダントとMC Asc/MC

原理
自分の中の「私」と「公」の関係

性格
+ 自分の中の「私」と「公」の調和
− 自分の中の「私」と「公」の不調和

生物的意味
人の外観としてのタイプ

社会的意味
個人

出来事
+ 自分にとっての幸運な出来事、喜び
− 自分にとっての不運な出来事、不快

Asc/MC ＝ ☉
バイタリティ、公明正大、誇りとプライド、男性的気質、公共との関わり、女性のチャートでは男性との強い縁

Asc/MC ＝ ☽
感覚的・感情的・情緒的性向、女性的気質、男性のチャートでは女性との強い縁

Asc/MC ＝ ☿
理知的傾向、向学心、好奇心、活発な思考とアイデア、会話力、批評的才能、おしゃべり、詮索好き、企画する才能、知的分野や商業分野の才能

Asc/MC ＝ ♀

美しい姿、非常に愛情の深い人、優しさ、品の良い明るさ、親しみのある態度で多くの人から愛され支持される人、美的センス、芸術を愛する

Asc/MC ＝ ♂

行動の人、強いリーダーシップ、活力、胆力、決断力、闘争力、瞬発力、エネルギーに満ちた人、熱くなりがち、性急、短気

Asc/MC ＝ ♃

楽天的、家族でのお祭り騒ぎや社交的娯楽を好む、人と共に喜んだり陽気に遊ぶ能力、幸運な人生、人気、寛大、誠実、健康

Asc/MC ＝ ♄

慎重、思慮深さ、忍耐力、慎み、感情表現の自制、憂鬱、劣等感、孤独を好み人と距離を取る、独居、引退、別離、喪に服す（残される）

Asc/MC ＝ ♅

魅力的な個性、独創力、発明力、着想力、改革力、即断力、断固とした意志、新しいものに対する強い好奇心、自由への強い衝動、人生での突然の成功・発展の可能性、自我、衝動性、性急、せっかち、他人に対して妥協しない、突然の興奮または混乱、分裂、離反

Asc/MC ＝ ♆

感情に支配されやすい、豊かなビジョンと夢想、インスピレーションと空想、現実に適応することの困難、偽ったり装ったりして自分の真の姿を隠そうとする傾向、信頼できない人間との接触、他人から騙されやすい、失望の経験

Asc/MC ＝ ♇

力や権力への志向、自分の個人的な魅力や強さによって社会や周囲に強い影響を及ぼす能力、大衆を魅了して「心を支配」する魅惑力に溢れた人、あるいは支配したい願望、または、他人に暴力的な力を示すことによって「人の身体や財産を支配」する、あるいは支配したい願望、もしくは、そのようなことができる立場にいる人（行政官や反社会的組織の首領など）、（チャートしだいでは）支配下に置かれ続ける人、または不治の病で永く拘束される人

Asc/MC ＝ DH

よく人の世話をする人、人との接触を求める

アセンダントとMC　175

第3章

スターナビゲーターによる
ハーフサムの計算方法

ARI 占星学総合研究所のホロスコープ作成ソフト「スターナビゲーター」を使うとハーフサムを簡単に計算することができます。ハーフサムのご利用には有料会員登録が必要です。
https://www.arijp.com/horoscope/

※ここで「天体」は主要 10 天体を、「感受点」は ASC、MC、ドラゴンヘッドを指します。但し、「出生時刻不明」の出生データの場合、ASC、MC は表示されず、日本時間で 12 時 00 分時点で計算されたものとなります。

※「スターナビゲーター」では 10 進法で度数を表示しています。

1. 出生データを登録する

1. 「出生データ」ボタンを押します。
2. 「氏名」「生年月日」「出生時刻」「生まれた場所」「UTC 時差」を入力し、「データ種別」「フォルダ」を選択します。出生データを分類管理するためにフォルダを作ることができます。
3. 「出生時刻」が分からない場合は、「時刻不明」にチェックを入れると、12:00 で計算され、ASC、MC 等の感受点が表示されなくなります。
4. UTC 時差とは世界協定時のことであり、日本は UTC+9 です。サマータイムのある国の場合は、サマータイム実施期間中は通常の UTC 時差の +1 となります。

178　スターナビゲーターによるハーフサムの計算方法

2．設定を行う

1. 「天体・感受点・小惑星の表示」でN（出生図、ネイタルチャート）、P（進行図、プログレスチャート）、T（経過図、トランジットチャート）のそれぞれにどの天体、感受点を表示するか選択します。
2. 「アスペクトの設定」で、「N-N」「N-P」「N-T」「P-P」「P-T」「T-T」「二重円」のタブを選び、それぞれの組み合わせについて、どのアスペクトを表示したいか、「アスペクトの表示」欄でアスペクトを選択します。また「オーブの設定」欄でオーブを指定します。オーブはタイトオーブ、ワイドオーブを設定することができ、それぞれ色や線の種類を変更できます。
3. 「ホロスコープに設定」を押すと、その設定がその後作られるホロスコープに使用されます。
4. 「新しく登録する」を押すと、その設定に名前を付けて保存しておくことができます。一番上の「設定」で登録した設定を選び、修正した時は、「上書き保存する」を押します。
5. 「全てを初期設定に戻す」を押すと、初期値を呼び出すことができます。初期値は初心者でも使いやすい設定になっています。

アスペクトの設定

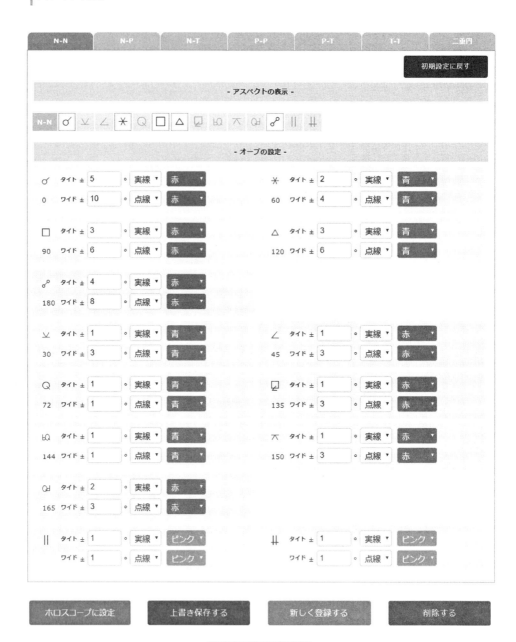

3. 一重円

1. 「出生データ」を選択し、「一重円」ボタンを押します。
2. 一重円の画面で「ハーフサムを表示する」ボタンを押します。
3. 「全軸」を押すと、ハーモ1（360度系）、2（180度系）、4（90度系）、8（45度系）、16（22.5度系）で、「全軸表示」、「軸刺激表示」、「ツリー表示」から表示方法を選ぶことができます。本書では、ハーフサムをハーモ8（45度系）としています。「天体・感受点のカラー変更」で天体・感受点を選ぶと、その天体・感受点を含むハーフサム軸に色がつくので、ハーフサム軸をみつけやすくなります。
   （ア）「全軸表示」では天体・感受点が作るすべてのハーフサム軸が表示されます。
   （イ）「軸刺激表示」では、出生図の天体・感受点からオーブ圏内にあるハーフサム軸が表示されます。
   （ウ）「ツリー表示」では、出生図の天体・感受点ごとに、オーブ圏内にあるハーフサム軸が表示されます。
4. 「全軸（グラフ）」を押すと、出生図の天体・感受点とハーフサム軸の分布がグラフで表示されます。グラフではハーフサムの軸が満たされているかどうかが一目瞭然となります。

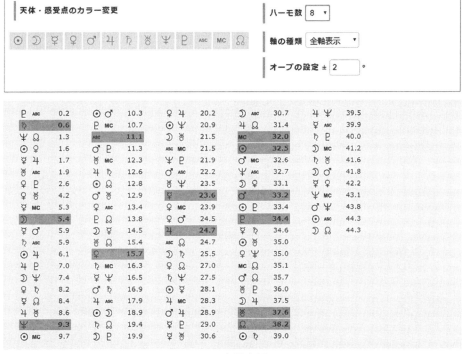

全軸表示

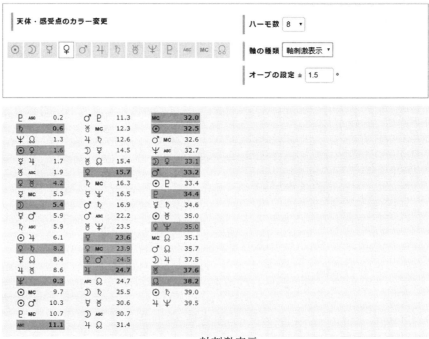

軸刺激表示

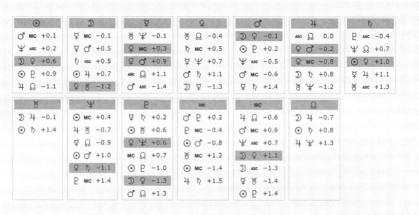

ツリー表示

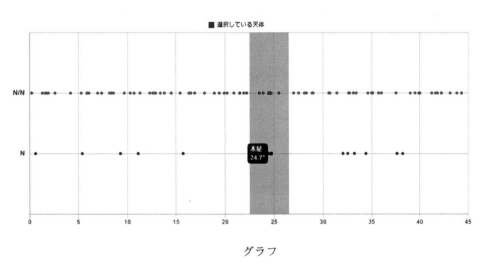

グラフ

4．三重円

1. 「出生データ」を選択し、「三重円」ボタンを押します。
2. 三重円の画面で、「ハーフサムを表示する」ボタンを押します。
3. 「全軸」を押すと、ハーモ1（360度系）、2（180度系）、4（90度系）、8（45度系）、16（22.5度系）で、「全軸表示」、「軸刺激表示」、「ツリー表示」から表示方法を選ぶことができます。「天体・感受点のカラー変更」で天体・感受点を選ぶと、その天体・感受点を含むハーフサム軸に色がつくので、ハーフサム軸をみつけやすくなります。
   - （ア）「全軸表示」では出生図の天体・感受点（N）及び、指定された経過地・経過日時の一日一年法（P）、ソーラーアーク法（D）、経過（T）の天体・感受点と、出生図の天体・感受点がつくるすべてのハーフサム軸が表示されます。
   - （イ）「軸刺激表示」では、出生図の天体・感受点（N）及び、指定された経過地・経過日時の一日一年法（P）、ソーラーアーク法（D）、経過（T）の天体・感受点と、出生図の天体・感受点がつくるハーフサム軸のうち、オーブ圏内のものが表示されるます
   - （ウ）「ツリー表示」では、出生図の天体・感受点（N）及び、指定された経過地・経過日時の一日一年法（P）、ソーラーアーク法（D）、経過（T）の天体・感受点ごとに、オーブ圏内の出生図の天体・感受点がつくるハーフサム軸が表示されます。

4. 「全軸（グラフ）」を押すと、出生図の天体・感受点がつくるすべてのハーフサム軸、出生図の天体・感受点（N）及び、指定された経過地・経過日時の一日一年法（P）、ソーラーアーク法（D）、経過（T）の天体・感受点の分布がグラフで表示されます。グラフではハーフサムの軸が満たされているかどうかが一目瞭然となり、また経過日時の変化によって満たされそうかどうかを予測することもできます。

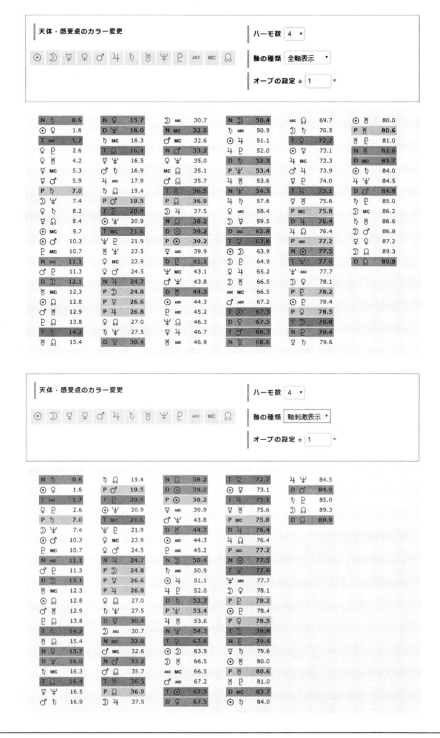

184　スターナビゲーターによるハーフサムの計算方法

スターナビゲーターによるハーフサムの計算方法

おわりに

　私は、2014年に長年の外資系企業での仕事を辞め、脱サラしました。その頃、工藤先生に鑑定をお願いし、脱サラ後のことなどについて相談をさせていただきました。それが工藤先生との出会いです。そのときの工藤先生の鑑定結果通り、脱サラ後数年の調整期間を経て、現在に至っています。ハーフサムの威力はこの鑑定結果でも実証されています。

　当時、占星術の勉強をしていたため、工藤先生には根拠となるチャートの表示を解説しながら鑑定結果を教えていただくようにお願いしました。工藤先生はブログと同様に、詳しい解説を添えた鑑定を送ってくださいました。それが私の「ハーフサム」や、論理的で計算で答えを導くタイプの占星術との出会いでもありました。

　占星術を勉強しようとしても、日本語で手に入る書籍は限定的で、ソフトウエアも簡単なものか、あるいは高度すぎて使いこなすのが難しいものしか見当たらず、英語ならもっとずっと多くの情報があるのに、言葉の壁のせいで日本には有用な情報が広がっていないことがあるのではないかと感じました。そして、もっと多くの日本人にも本格的な占星術を知って、より簡単に活用してもらえるようにしたいと思うようになりました。

　その後、友人達とARI占星学総合研究所を始め、オンラインでどこにいても学べる本格的な占星術のスクールを目指すとともに、「スターナビゲーター」というホロスコープ作成ソフトを開発し始めました。

　今年の春、いよいよスターナビゲーターにハーフサムの機能を搭載しました。スターナビゲーターは、これからどんどん簡単に使えるものに進化させたいと思ってはいますが、まだ今はハーフサムの計算・表示をするだけで、実際に意味を読み解くのには読解力が必要になります。そこで、数年ぶりに工藤先生にご連絡し、ハーフサムの講座を開いていただくことをお願いしたのです。そのお話の中で、本書を出版する運びとなりました。

　工藤先生も書かれているように、ハーフサムは占星術において非常に重要な技法だと思いますが、その使いずらさ故、避けられてきたのかもしれません。本書とスターナビゲーターによって、多くの方々がハーフサムの有用性を再確認し、鑑定に、また人生に活用していただければと思います。

2019年9月1日
ARI占星学総合研究所　代表　祖父江恵子

著者紹介

工藤 明彦（くどう あきひこ）

1953 年北海道生まれ。
14 才で父の書棚にあった姓名判断、手相本によって「占い」を知る。
15 才で門馬寛明著「西洋占星術」と出会い、16 才で専門テキストを購入。
21 才で上京し門馬主宰「明暗塾」に参加。明暗塾講師として同グループの「宝島星座ブックス」「ナガオカの星座占い」「ときめき細密占星術」などの著述に参加。
1980 年ころエバーティン氏の「The Combination of STELLAR INFLUENCES」に出会い、以後研鑽を積む。
サラリーマンを続けながら、1989、90 年、川口市社会教育講座「西洋占星術教室」の講師。その後、西川口市社会教育講座の講師など、任意団体を含み十数年の教授活動。2010 年独立。ブログを開設。
ハーフサムの重要性、リターンチャート、DC チャートの有効性などを普及。
「占いの醍醐味は的中性にあり、全てはそこから始まる」との信条によって各種占いや占星技法の優劣、有効性を検証。「現実との符合、一致」を何よりも大切にしている。

ハーフサム事典

発　　行	2019 年 10 月 3 日	初版発行
	2024 年 1 月 23 日	第 6 刷発行

著　　者	工藤 明彦
発行者	祖父江 恵子
発売元	ARI 占星学総合研究所
	〒 105-0014　東京都港区芝 2-9-5　ワースリビング FKO ビル 401
	電話：03-6425-7265
	URL：https://arijp.com/

表紙・カバーデザイン	塚本 味加	DTP	渡邊 美苗
印刷・製本	株式会社イシダ印刷		

©ARI, Astrology Research Institute, 2019 Printed in Japan
ISBN-978-4-9910543-0-3

万一、落丁乱丁のある場合はお取替えいたしますので ARI 占星学総合研究所宛てにお送りください。
本書の一部あるいは全部を無断で複写複製（デジタルデータを含む）、放送、データ配信等することは、法律で認められた場合を除き、著作権の侵害となります。定価は本体に表示してあります。

本書は門馬寛明氏の翻訳テキストを参考にしたものです。

スターナビゲーターについて
本書 177 ページからの「スターナビゲーターによるハーフサムの計算方法」で使用しているホロスコープ作成ソフトにつきましては、こちらからご利用いただけます。
https://www.arijp.com/horoscope/